世界を読み解く
一冊の本

百科全書

世界を書き換えた百科事典

井田 尚

慶應義塾大学出版会

「世界を読み解く一冊の本」

『百科全書』
世界を書き換えた百科事典

目　次

欧米および日本の場合
『百科全書』と啓蒙主義の功罪

Ⅲ 『百科全書』の新機軸——人間知識のネットワーク化とビジュアル化——57

1 販売促進パンフレット「趣意書」とディドロの宣伝戦略

2 ダランベールの「序論」を読んでみる

序　『百科全書』とは何か

『百科全書』について、私たち日本人は何を知っているだろうか。一八世紀のフランスで百科全書派のディドロとダランベールが編纂した百科事典。いわゆる啓蒙思想の集大成。この程度の教科書的な知識なら反射的に頭に浮かぶ日本人はそれなりに多いだろう。『百科全書』に関するこうした最大公約数的な理解は、専門家の歴史的評価を踏まえた定説であるからには、それ自体、決して誤ったものではない。啓蒙主義の合理的なものの考え方や近代的な価値観の普及にそれほど重要な役割を演じたからこそ、『百科全書』は偉大な著作として歴史に名を留めたのである。

しかし、学校の教科書に出てくる程度でほとんど何も知らない『百科全書』の書物としての成り立ちと実像は、こうした教科書的な定義の正しくも大まかな輪郭に比べると、はるかに複雑である。一般的に、学者や批評家がある作品に下す歴史的な評価と、その作品を読んだ読者が抱く印象や感想との間には隔たりがあるのが普通であろう。このことは、フランス革命以降の近代社会で「啓蒙思想の象徴」に祭り上げられる以前に、大勢の読者を想定して刊行された、れっきとした書物である『百科全書』にも当てはまる。文学や思想の「名著」と同様に、やはり実際に自分で読んでみないことには、ただの百科事典と異なる『百科全書』の独創性や面白さは実感できないものだ。

伝統的に、『百科全書』および百科全書派は、理性の進歩を標榜する啓蒙主義によって、フランス革命以後の西欧近代社会で実現し、日本を含む世界に波及していった自由、平等、民主主義、人権といった近代的なものの考え方の主要な源泉と見なされてきた。本書ではまず、こうした『百科全書』に対する歴史的評価を踏まえつつも、ディドロとダランベールが構想した百科事典という原点に立ち戻って、『百科全書』の書物としての成り立ちを紹介する。さらに、『百科全書』の新しい世界観を表現したディドロによる「趣意書」やダランベールによる「序論」など重要テキストとともにさまざまな分野の特徴的な項目をいくつかピックアップし、具体的な内容も掘り下げて分析しながら、日本の読者の多くが足を踏み入れたことがない『百科全書』という広大無辺な知識の世界への道案内を試みたい。

I 『百科全書』を編む

1 それまでの専門辞典と『百科全書』の決定的な違い

『百科全書』(一七五一―七二年、本文一七巻、図版一一巻)は、「啓蒙の世紀」と呼ばれる一八世紀のフランスで誕生した、歴史上初めてともいえる本格的な百科事典である。とはいっても、古代ローマのプリニウスによる『博物誌』(七七年完成)をはじめとして、多くがラテン語で書かれた百科事典に類する書物は古代、中世からルネサンス期にかけて西欧世界に存在した。なかでも一五四一年にリンゲルベルクによって刊行された『サイクロパエディア』は百科事典を名乗る類書の元祖とされている。一六・一七世紀にもさまざまな語学辞典や各種の専門辞典が存在した。たとえば、語学辞典をとってみても、一六世紀には、ロベール・エティエンヌによって『羅仏辞典』(一五三九年初版)が、そしてジャン・ニコによって、仏羅辞典にしてフランス語辞典のルーツとも目される『フランス語宝典』(一六〇六年)がそれぞれ刊行された。これらの辞典は、文語としての古代語・ラテン語に比べ一段劣る俗語の扱いを受けていたフランス語の近代語としての発展に大きな貢献を果たした。

一七世紀後半から啓蒙前夜の一八世紀前半にかけて、ルイ一四世の治下で絶対王政が確立され、財

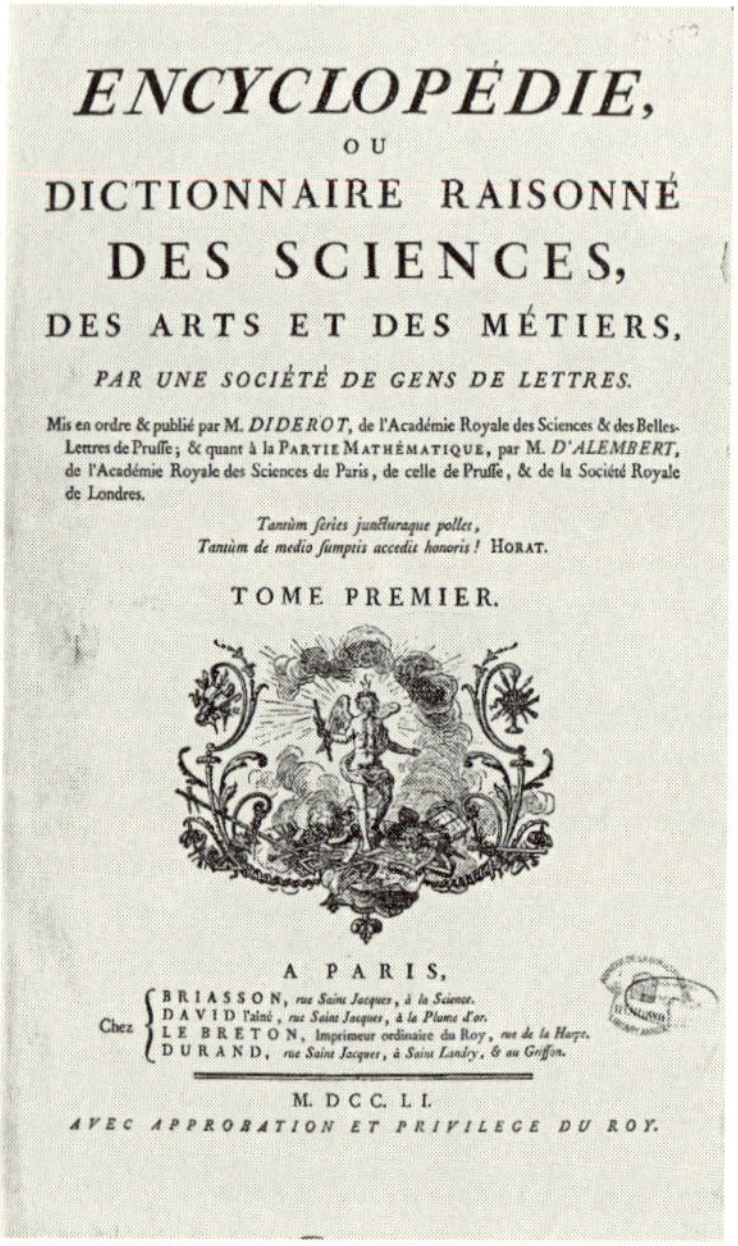

図1　『百科全書』第1巻（1751年）扉絵

務総監コルベールによって各種の学芸アカデミーが設立されると、近代国家フランスは、古代ギリシア・ローマに肩を並べんばかりの文化的繁栄を誇るようになった。この時期には、フランス初の国語辞典となったリシュレ『フランス語辞典』（一六八〇年）、学術機関アカデミー・フランセーズがフランス語の純化と規則化を目的に編纂した『アカデミー・フランセーズ辞典』（一六九四年初版）、アカデミー・フランセーズのメンバーでありながら除名されたフュルティエールが編纂した『普遍的辞典』（一六九〇年初版、一七〇一年版〔バナージュ・ド・ボーヴァル校訂〕、一七〇八年版〔同上〕）、フランス南東部アン県のトレヴーに本拠地を構えるイエズス会がフュルティエールの辞典を剽窃同然に下敷きにして、フランス南東部アン県のトレヴーを拠点に刊行した『トレヴー辞典』（一七〇四年初版）といった辞典が続々と刊行された。ルイ一四世の世紀は、辞書の時代でもあったのだ。

しかし、『アカデミー・フランセーズ辞典』を典型とするこれらの語学辞典は、基本的に作家の用例に基づいて文語のフランス語の語彙を定義した国語辞典である。そういう意味では、新教徒のバザーニュ・ド・ボーヴァルが改訂したフュルティエール辞典・第二版は、同時代の知識人の定義や用例を増補、語義の分類を合理化し、科学や哲学へと分野を拡大するという、斬新な内容を盛り込んだもので、言葉を定義した事典と事物を定義した事典の性質を兼ね備えている点でも『百科全書』の企図の本格的な萌芽となった。また、それをコピーしつつ、カトリックの対抗宗教改革に沿う形で改変を加えたトレヴー辞典・第二版も、部分的に百科事典の性質を兼ね備えていた。[1] とはいうものの、たとえば『トレヴー辞典』の初版の巻数はわずか三巻であり、本文だけでも一七巻を数える『百科全書』と比べると、物量の面だけから言っても貧弱だった。その他に、モレリの『歴史大辞典』（一六七四年初版）やピエール・ベールがオランダで刊行した『歴史批評辞典』（一六九六年初版）など、ヨーロッパ規模でベストセラーとなった歴史辞典も存在した。だが、いずれも聖俗の歴史に関する事実や人物に項目が限られる点で、やはり現代人が想像する百科事典とは異なるものだった。

一方、技芸の分野に関しては、イタリア人アゴスティノ・ラメッリによる『種々の精巧な機械』（一五八八年）、ドイツ人ヤーコプ・ロイポルトによる『機械の劇場』（一七二四―二七年）といった機械の図解、一六九三年にコルベールの肝いりで技芸の開設と図解を目的にパリ王立科学アカデミーによって開始された『技芸と工芸の描写と完成』と題された一大プロジェクト、トマ・コルネイユによる『学芸語彙辞典』（一六九四年）、イギリス人ジョン・ハリスによる『技術事典』（一七〇四年［第一巻］、一七一〇年［第二巻］初版）といった各種図解・事典類がすでに存在し、『百科全書』の技芸関連の語彙や図版の発想源となった。また、商業の分野では、ジャック・サヴァリ＝デブリュロンによる『総合商業辞典』（一七二三―三〇年）が、『百科全書』に再利用された。[2]

こうした先行事典類に加え、既に『百科全書』の刊行計画の出発点となったエフライム・チェンバーズによる百科事典『サイクロペディア』（一七二八年初版）が刊行され版を重ねていたので、厳密に言えば、『百科全書』は世界最初の百科事典ではない。チェンバーズ百科事典は、アルファベット順の項目順や項目間の参照指示のシステムを採用するなどの新機軸を打ち出した点では画期的だった。しかし、執筆者がチェンバーズひとりでは自ずと限界があるため、フュルティエールやトレヴーなどフランスの既存の辞典からの語彙のコピーや流用も多く、[3] 初版が二冊本だったことからわかるように、百科事典を名乗るには質量ともに、やはり物足りなかった。

2 『百科全書』の書き手と読み手

いわゆる「百科全書派」の実は多様な実態

そうした過去のフランス語辞典や専門辞典などとの差異化を図るために『百科全書』が目指したのは、地球上のすべての地域と時代において人類が発明・発見した学問、芸術、技術および自然界の森羅万象にわたる膨大な量の知識を網羅的かつ体系的に記述することだった。『百科全書』の正式な題名は、『百科全書、あるいは学問・技芸・工芸の合理的辞典』という。だが、語源のギリシア語で「円環状の知識」を意味する「百科全書〔百科事典〕*Encyclopédie*」という題名が前提とする網羅的性格と、「学問・技芸・工芸の合理的辞典」という副題が示す体系的性格をひとつの辞典で両立するのは至難の技だ。それを見事に実現してのけた『百科全書』は、辞書に関する既成概念を塗り替えるとともに、事実上、「世界最初の百科事典」と見なされるようになった。

『百科全書』は、初めての本格的な百科事典として辞典史に名を刻むだけでなく、フランス革命後の西欧世界において、一八世紀のいわゆる啓蒙主義を象徴する書物として注目を集め、啓蒙思想とその合理主義的・近代的な世界観の普及に貢献した。『百科全書』が啓蒙思想を広めるメディアの役割を果たしたのは決して偶然ではなかった。編纂者（編集長）のディドロ、ダランベールをはじめとする各項目の執筆協力者の多くが「百科全書派」（アンシクロペディスト）と呼ばれる、合理主義を共有するフィロゾフ（啓蒙思想家）であった事実からすれば、むしろ当然の結果である。こうした成り立ちが示すように、『百科全書』は、同時代のフランスのブルジョワジーを主体とする知識層の間で支持を拡大し世論を醸成しつつあった啓蒙主義の哲学を具現した、非常に思想的傾向の強い書物と言える。

もっとも、啓蒙思想は、たとえば宗教的な立場だけをとっても、有神論、理神論、無神論から唯物論まで幅が広く、流通形態も、検閲制度の下で公刊されたものから地下出版や地下写本で流通した過激なものまでさまざまな水準があるので、何をもって啓蒙思想とするかは、論者によって見解が分かれるところがある。近年では、ジョナサン・イスラエルが、啓蒙思想を穏健な啓蒙と急進的啓蒙との対立の相の下に捉え、後者がフランス革命の思想的動因になったとする急進的啓蒙の概念を唱え、話題を呼んだ。それによれば、一七七〇―九〇年代のヨーロッパとアメリカにおいて、スピノザの無神論をルーツとし、社会の徹底した世俗化を目指す急進的な啓蒙思想が、宗教との関係を維持した穏健な啓蒙思想と対抗する形で急速に台頭し、地下組織の活動などを通じて、フランス革命の政治活動にまで影響を及ぼしたという[4]。一方、たとえばジョン・ロバートソンは、啓蒙思想は宗教と対立し社会の世俗化を目指す思想運動であるという一面的な考えを助長しかねない急進的啓蒙の概念を批判している。啓蒙思想には、リシャール・シモンやピエール・ベールらによる聖書の歴史的批判のように、キリスト教信仰の枠組みの中から生まれた流れもあり、啓蒙思想の宗教に対する複雑な態度を宗教に敵対的な世俗主義のみに限定するのは難しいというのが理由だ。しかし、本書の目的は啓蒙思想の普及の実態そのものを解明することではないので、ここでは啓蒙思想を、その多様な側面を含む、最も広い枠組みにおける一般的な意味でご理解いただきたい。

むろん、啓蒙思想や百科全書派の思想という一枚岩の思想が存在したわけではない。一口に百科全書派といっても、ディドロやダランベールら、いわゆる啓蒙思想家（フィロゾフ）から、イヴォン神父、ド・プラド神父のような開明的・合理主義的な神学者、さらには法律家ブーシェ・ダルジ、植物学者ドーバントン、医学者のドーモン、タラン、バルテス、文法家ボーゼといった各学問分野の権威から、カユザック（舞踏・音楽）、ダルジャンヴィル（庭園術）、ル・ロワ（時計製造術）といった芸術・技術の専門家、さらには、とくに専門を持たず既存の書物の内容を編集加工することで大量の項目を執筆したジョクールのような人物まで、さまざまな思想、立場、学問観の持ち主たちがいた。これに技芸など特定のテーマに関する執筆協力者、無名の情報提供者を加えれば、その思想的立場・見解は千差万別であるとさえ言えよう。身分の面でも、貴族のドルバック、聖職者のイヴォン神父ら特権階級に属する者から平民のディドロ、ダランベールまで人それぞれであり、技芸などの情報提供者には職人層も含まれていた。『百科全書』の執筆主体としてタイトルページに記された「文人の共同体」とは、『百科全書』の副題にも謳《うた》われる合理的精神に共鳴しつつも、さまざまな宗教的・政治的立場、学説・見解を有する知識人たちの協力によって成り立つ緩い連合体と考えるべきであろう。

前世紀までは学芸がアカデミーや大学にほぼ独占され、専門書の読者層は、学者でなければ貴族の社交人など特権階級のアマチュアにほぼ留まった。ところが、一八世紀も半ばになると、ブルジョワジーの経済的・社会的上昇と書籍、学術雑誌、文芸雑誌の刊行数の急激な増加に伴う読者層の拡大により、学問が特権階級からブルジョワジーを主体とする平民にまで広がりを見せ始める。貴族から平民まで、聖職者から無神論者まで、学者から職人まで、社会のあらゆる階層・職業のスペシャリストを糾合《きゅうごう》した『百科全書』は、学問や知識のみによって結ばれた「文人の共同体」を構成する執筆陣と情報提供者の多彩な顔ぶれそのものによって、一八世紀後半に本格化する学問の社会的浸透を象徴している。

執筆者と読者の主力を担った混合エリート層

もっとも、アンシャン・レジームのフランスにおいて第三身分（平民）は、大ブルジョワから商工業者、職人、農民までを含む幅広い概念で、いわば第一身分（貴族）、第二身分（聖職者）以外の「その他大勢」を十把一絡げにまとめた呼び名であった。また、ブルジョワジーと一口で言っても、銀行家、大商人、大地主などの大ブルジョワから弁護士、開業医、文人などの自由業者、さらには都市部の商工業者までを含む多層的な概念なので注意が必要だ。

ロバート・ダーントンの『禁じられたベストセラー』で紹介されている歴史家ダニエル・ロッシュの研究によれば、ルイ一五世治下のアンシャン・レジームでは、昔からの貴族とインテリ職に就いたブルジョワ層、行政官とブルジョワの年金生活者は混合したエリート層を形成し、各地のアカデミーやフリーメーソンの支部や文芸サークルで交流するばかりか、同じ新聞を予約購読し、同じ本を読んでいた。そして、『百科全書』の著者と読者は、こうした同じ混合エリート層に属していたのだという。[6]

『百科全書』の読者の多くがこうしたエリートの富裕層であったことは、本文と図版を合わせた全二八巻のセット価格が九〇〇リーヴルであった事実からもわかる。[7] 当時の貨幣価値を現在の日本円に換算することは難しいが、一八世紀の職業別の平均年収に関する研究をまとめたジャン・スガールの論文によれば、労働者（手仕事の職人、日雇い労働者、召使い）の平均年収（額面か手取りか不明）は一七八〇年の段階で二五〇リーヴルから三〇〇リーヴルの間と推定される。なお、一七九〇年における労働者の最低賃金は、食事や住居などの現物支給を別にすると、日給で一〇スー（半リーヴル）であった。実働二〇〇日として年収に換算すると一〇〇リーヴルほどだ。ちなみに当時の会社の幹部（事務職、職工長）の平均年収は六〇〇—八〇〇リーヴルとされている。ちなみにディドロは、『百科全書』の刊行元のル・ブルトン書店から給与として一七四七年には月額一四四リーブル、一七五一年には三ヶ月毎に五〇〇リーヴルを受け取っていたことが知られている。[8]

ただし、労働組合も労働法も法定最低賃金も存在しなかった一八世紀の労働者の平均年収は、現代より相当低かったはずだ。こうした点やスガールの研究にある労働者の最低賃金も参考に、一リーヴルの価値を一万円ではなく、仮に少なくて二五〇〇円、多くて五〇〇〇円程度に割り引きするとしても、『百科全書』全二八巻は二二五万円から四五〇万円はしたことになる。家族を抱え、その日のパンを稼ぐだけで精一杯の庶民にはまさに高嶺の花だっただろう。『百科全書』の予約購読者、そして執筆協力者の多くがエリートの富裕層であったことは間違いない。[9]

このことからわかるように、『百科全書』の項目を実際に執筆したのは、何と言ってもブルジョワジーや特権階級のエリート層を中心とするとはいえ、いわゆる「百科全書派のフィロゾフ」のくくりに留まらない幅広い身分と職業に属し、思想信条も経済的利害もばらばらの数多くの執筆協力者であった。「文人の共同体」を自称する彼らは、啓蒙の哲学への共鳴と『百科全書』の編集方針への賛同による緩やかな連帯で結ばれてはいたものの、個人としての学問的・専門的なバックボーンも、社会的な立場も、年齢層もさまざまであった。調査によって名前が判明しているだけでも二〇〇名以上に上る彼らひとりひとりのライフヒストリーを辿るのは意義深い作業だが、詳細はフランク・A・カフカーの論文に譲ることとしたい。[10]本書では、『百科全書』という書物の広義の「作者」として世に認知されている「編纂者」のディドロとダランベール、そして、『百科全書』の第二次刊行中断後の危機を驚異的な項目の量産によって支えたジョクールの三名の略伝に次いで、その他の主な執筆協力者のプロフィールをリストの形で紹介する。

3 『百科全書』刊行計画の三大功労者――ディドロ、ダランベール、ジョクール

統括プロデューサー、ディドロ

ドゥニ・ディドロ（一七一三―八四年）は、百科全書派を代表する啓蒙思想家・作家として名高い。その業績は、思想、哲学、小説、演劇、美術批評から数学、音楽、生理学まで実に多岐にわたるが、何といっても、「ディドロとダランベールの」というお決まりの前置きがつく『百科全書』が生涯最

高の「作品」として挙がることが多い。それもそのはずで、ディドロは、作家としての個人的業績と名声を半ば犠牲にして、四〇年近くの作家人生の半分にあたる約二〇年もの歳月を『百科全書』の編纂と数千におよぶ項目の執筆に注いだのである。『百科全書』は文字通り、ディドロのライフワークだったのだ。

図２　ディドロの肖像（ルイ＝ミシェル・ヴァンロー作、1767年、ルーヴル美術館所蔵）

ディドロは、一七一三年にフランス北東部シャンパーニュ地方の都市ラングルに生まれた。人口が少ないながらも古くから要塞都市、司教座都市として発展し、商業が栄えたラングルでは、当時刃物製造業が盛んであり、ディドロの父も刀鍛冶の親方であった。フォントネル、モンテスキュー、ビュフォン、コンディヤック、ドルバックら貴族、もしくはヴォルテールのように富裕な大ブルジョワの家庭に生まれた作家・思想家が多い中で、親方とはいえ職人層の出身のディドロは、時計職人を父に持つルソーと並んで異質な存在であった。

ラングルのイエズス会のコレージュを一五歳で卒業したディドロは地元で聖職者になる道を捨ててパリに出る。パリ大学などで哲学・神学、ついで法学を学ぶも、学問と文筆活動に身を捧げる決心を固める。息子が弁護士など堅い仕事に就くことを願っていた父ディディエに送金を断たれたディドロは、以後、家庭教師や説教の代筆で糊口を凌ぎ、あの手この手で親の脛も齧りながらパリで約一〇年近く放浪の生活を送り、文学修行を積む。その間、一七四二年にルソーと知り合い、一七四三年には、下宿先の建物に住む服飾業者の娘アンヌ＝アントワネット・シャンピオンと結婚する。だが、猛反対した父親が息子のディドロを一時修道院に監禁するなど、結婚に至る道は平坦ではなかった。[11] もっとも、これほど熱烈な恋愛結婚を遂げておきながら、その後ディドロは複数の愛人をつくったとされる。中でも最愛の恋人ソフィー・ヴォランとの往復書簡はフランス文学史に残る書簡の傑作となったのだから、人生は皮肉でままならないものだ。

ディドロは一七三〇代末から文筆活動を開始していたが、本格的に作家活動のスタートを切ったのはいわば翻訳家としてである。長い放浪生活の間にディドロは独学で英語を身につけていた。一七四三年にはテンプル・スタンヤン『ギリシア史』の翻訳を刊行し、一七四五年には、シャフツベリーの著作に自らの省察を加えた自由訳『徳と真価に関する試論』を、事実上の作家デビュー作として世に問う。理神論を説き、狂信を戒める同著の内容は、フランス国内ではカトリック・キリスト教会に対する批判ないし無神論として検閲・断罪を受けるリスクが高いため、ディドロは出版地をオランダのアムステルダムとして、著者名も頭文字のみに留める用心を重ねた。ついで一七四六年には匿名で、出版地をオランダのハーグと偽り、シャフツベリーの影響下に宗教的狂信・迷信の非人間性を痛烈に批判した断章形式の『哲学断想』を出版する。過激な内容の同書は焚書の処分を受ける。[12]

一七四九年には、盲人の感覚経験についての考察を通じて視覚の働きを前提とする伝統的な世界観を批判する『盲人書簡』を、出版地をロンドンとして匿名で出版するが、七月下旬に密告によって逮捕され、ヴァンセンヌの監獄に収監される。当時、ディドロは既にダランベールとともに『百科全書』の編纂者として抜擢され、出版許可が下りた第一巻の出版に向けて刊行計画を進めている最中であった。編集長ディドロの逮捕は、『百科全書』の刊行計画の大幅な遅れと巨額の経済的損失にもつながりかねなかった。幸い、『百科全書』の出版元であるル・ブルトン、ブリアッソン、ダヴィッド、デュランの四書店が、出版局監督官のダルジャンソン侯爵に窮状を訴える陳情を行なった結果、逮捕から約三ヶ月後の一一月にディドロは釈放された[13]。ディドロはこの投獄によって、言論弾圧の恐ろしさを身をもって知ることとなった。だが、ディドロはこの筆禍にもめげず、二度にわたる刊行中断で危うく頓挫しかけた『百科全書』の刊行計画を編集長としての責任感と粘り強い仕事ぶりによって完成に導いた。

ディドロは、『百科全書』の編纂者、数多くの項目の執筆者、あるいは百科全書派を率いるフィロゾフとして名を上げる一方、個人の作家としても、演劇の分野では悲劇と喜劇の中間形態としてのブルジョワ市民劇を提唱して代表作の『私生児』(一七五七年)、『一家の父』(一七五八年)を執筆した。また、美術の分野でも、友人グリムの依頼に応えて雑誌『文芸通信』誌上に美術批評『サロン評』(一七五九—八一年)を連載し『絵画論』(一七六六年)を発表するなど、幅広いジャンルで次々と新境地を切り開いていく。

『百科全書』の編纂からついに解放された一七七二年以降、ディドロは性道徳などをテーマにした複数のコント(短編)を執筆した。一七七三年には、娘アンジェリックの結婚の持参金の調達に頭を悩ませていた時期に自分の蔵書と引き換えに終身年金を下賜してくれたロシアの女帝エカチェリーナ二世の恩義に謝意を表するため、ロシア旅行を敢行する。晩年には、反百科全書派の攻撃に対する自己弁明の書ともいえる『哲学者セネカの生涯と著作、およびクラウディウスとネロの治世に関する試論』(一七七八年)と『クラウディウスとネロの治世、およびセネカの生き方と著作』(一七八二年)で、セネカの伝記を通じて圧政下における哲学者の身の処し方を論じ、生理学に関する科学的な探究の総決算ともいえる未完成の遺作『生理学要綱』（執筆一七七四—八四年、一八七五年刊行）を残している。

生彩に溢れた対話を持ち味とする作家ディドロの才能と個性は小説や短編で遺憾なく発揮されたが、作品の多くは、公刊すれば検閲や処罰を避けられない危険思想、社会諷刺、性的内容を含んでいた。ディドロは、生前の出版を控えて手稿の形で後世に託したため、主要著作が日の目を見るには一九世紀を待たねばならなかった。彼は、世紀末のサドと同様、広い意味でアンシャン・レジームのフランスの検閲制度が生んだ「呪われた作家」に数えることができよう。だが、友人グリムが主宰し、ヨーロッパ諸国の王侯のみに手書きで配信された雑誌『文芸通信』は、フランス国内で出版できないこれらの作品の多くをディドロが生前に限られた開明的読者に向けて発表する貴重な機会と場を提供した。

そして、後世の評価を切望した本人の期待に応えるかのように、後世の読者、批評家、研究者も、ディドロの文学作品の個性を見逃さなかった。死後に公刊された『ラモーの甥』（執筆一七六二—七三年頃、刊行一八九一年）、『運命論者ジャックとその主人』（執筆一七六五—八〇年、刊行一七九六年）、『修道女』（一七六〇—八二年、刊行一七九六年）、『ダランベールの夢』（執筆一七六九年、刊行一八三〇年）、『ブーガンヴィル航海記補遺』（執筆一七七二年、刊行一七九六年）といった、他に類を見ないユニークな小説や対話作品は、今ではどれも作家ディドロの代表作として知られ、フランス文学の古典として読み継がれている。

図３　ダランベールの肖像（モーリス・カンタン・ド・ラ・トゥール作、1753 年、ルーヴル美術館所蔵）

『百科全書』のアカデミックな顔、ダランベール

ジャン・ル・ロン・ダランベール（一七一七―八三年）は、ディドロと並ぶ『百科全書』の編纂者、百科全書派の啓蒙思想家、一八世紀フランスを代表する数学者・物理学者である。サロン主催者として名高いタンサン夫人の婚外子として生まれ、パリのサン・ジャン・ル・ロン教会の石段に置き去りにされたダランベールは、孤児としてガラス職人の妻ルソー夫人に引き取られ、養育された。出生にまつわるこの逸話は、ディドロの小説『ダランベールの夢』であまりに有名だ。長じてパリ大学で法学や医学を学ぶが、数学と物理学に才能を示し、弱冠二二歳で発表した『積分法に関する論文』（一七三九年）で一躍脚光を浴び、パリ王立科学アカデミー入りを果たす。その後、物理学の分野で『動力学論』（一七四三年）、『流体の均衡と運動論』（一七四四年）、『風の一般理論』（一七四七年）を相次いで発表し、一七四六年にはベルリン王立科学アカデミー、一七四八年にはロンドンの王立協会、一七五四年にはアカデミー・フランセーズの会員に選ばれる。物理学上の功績としては、物体の運動に働く力が（仮想力としての）慣性抵抗と相殺し合う点に注目し、動力学を力の釣り合いという静力学の問題に読み替えられることを示した、いわゆる「ダランベールの定理」や、静止した（粘性がない）理想の流体の中で等速直線運動をする物体に働く抵抗はゼロとなることを示した、いわゆる「ダランベールのパラドックス」などで知られる。『春分点の歳差と地球の章動についての研究』（一七四九年）、『宇宙体系のさまざまな重要な点に関す

る探究』（一七五四—五六年）では、ニュートンの万有引力説を支持する立場から、天体の運動を力学計算の問題として解釈し、天文学の分野でも数々の重要な発見を成し遂げた。

一七四七年にディドロとともに『百科全書』の編纂者に抜擢されたダランベールは、科学アカデミーでの人脈も生かして数理系分野の執筆協力者への依頼を差配するとともに、項目執筆者としても、数学、物理学、天文学の一六〇〇近くにのぼる諸項目を担当した。『百科全書』第一巻に寄せた「序文」（一七五一年）は、『百科全書』の画期的な編纂方針とともに、ダランベールの文学的名声を高からしめた。

『百科全書』ではたとえば項目「引力」、「動力学」、「数理物理学」をはじめとする数学・物理項目だけではなく、さまざまな分類項目に属する項目も執筆した。たとえば、イエズス会のコレージュの古典やスコラ学に依存した旧態依然とした教育制度を批判した項目「コレージュ」（第三巻、一七五三年）や項目「ジュネーヴ」（第七巻、一七五七年）はよく知られる。項目「ジュネーヴ」は、禁欲的なカルヴァン派の正統プロテスタンティズムの影響が根強く、演劇の上演が禁止されていたジュネーヴ共和国（現在のスイス・ジュネーヴ州）の信仰を当時異端とされたソッツィーニ主義呼ばわりし、劇場の建設を呼びかけたもので、ジュネーヴ当局およびジュネーヴ出身者ルソーらの猛反発を呼び、世論を巻き込んだ大論争を引き起こした。

だが、自著の項目が招いたこうした事態の進展は、おそらく政治的には穏健なアカデミシャンのダランベール本人の望むところではなかったであろう。そもそも、項目「ジュネーヴ」における劇場建設の勧めにしても、執筆にあたって情報提供を受けたヴォルテールの思惑による誘導の産物であっただけに、このスキャンダルは、ダランベール本人にとって不本意であったとも言える。後述の言論弾圧の高まりにより一七五九年に『百科全書』が二度目の刊行中断に追い込まれると、ダランベールは共同編纂者の立場を退き、以後、数学項目の執筆協力だけに専念することとなる。

その結果、ディドロは、優秀な協力者として大量の項目を執筆したシュヴァリエ・ド・ジョクールの助けを得てとはいえ、残された本文第八巻から第一七巻までの編纂の労苦をほとんど独力で負担する羽目になった。ディドロは後年、対話体の哲学小説『ダランベールの夢』で、ダランベールの出生の秘密を受精の神秘に絡めて滑稽に描くばかりか、寝床でうなされる主人公ダランベールに夢の中で危険思想の唯物論を語らせ、性的にきわどい場面まで演じさせた。これも、ダランベールの「保身行為」への積年の恨みつらみの文学的昇華として読むと、ほろ苦く味わい深い。

もっとも、ダランベールは『百科全書』の刊行計画が浮上した当初からアカデミー会員であった。そのダランベールに共同編纂者として白羽の矢が立った理由には、ディドロの友人であるということの他に、アカデミー会員としてのその権威と専門知識および学界での人脈によって『百科全書』に箔を付けたいという書店側の思惑もあったはずだ。当時文人を志す無名の若者にすぎなかったディドロとはスタート地点での境遇に天地の開きがあったことも、忘れてはならない。

また、ダランベール本人にも性格的に、『百科全書』編纂に伴う煩瑣な校正作業などの雑務は自分の任にあらずと広言してはばからない一面があった。項目の執筆そのものに関しても、刊行中断前から、チェンバーズ百科事典のフランス語訳を主な情報源として「効率的に」項目を執筆していたが、二度目の刊行中断を挟んだ第八巻以降ではとくに、チェンバーズ訳からのいわば「コピー&ペースト」をベースにした、どちらかと言えばおざなりな仕事が目立つようになることが、最近の典拠研究でも明らかになってきている。[14] 労多くして報われるところが案外少ない『百科全書』の編纂にわざわざ協力したという驕りが本人にあったかどうかは別として、アカデミーでの研究活動と個人著作の執筆を本分とするダランベールが、『百科全書』をディドロのように一生の仕事と見なしていなかったのは、どうやら否めないようだ。

しかし、科学者として全盛期を迎えていた一七五〇年代のダランベールにとって『百科全書』は、数学・数理物理学に関する自らの専門的知見を一般読者に広く宣伝するとともに、自らが準備中の著作のアイディアを練り、時にアカデミー内の論争の渦中で自説の正当性をアピールするための絶好のメディアともなった。[15] 現役アカデミー会員、一八世紀フランスを代表する数学者・物理学者の参加を得られたことで『百科全書』の科学項目がどれほど威光を帯び充実したかわからない。編纂・項目執筆の両面にわたるダランベールの一〇年以上もの協力がもたらした成果の歴史的意義は、もっと評価されて然るべきなのかもしれない。

ダランベールは、専門的な科学著作、『百科全書』に加え、『文学・歴史・哲学論集』(一七五三、五九、六七年)、『哲学の基礎に関する試論』(『文学・歴史・哲学論集』第四巻として一七五九年に刊行)、『アカデミー・フランセーズの公開集会で朗読された称賛演説』(一七七九年)といった文学的・哲学的な著作も公刊し、百科全書派のフィロゾフ・文人としての名声を不動のものとした。私生活では、孤児として生を受けた自分を愛情深く養い育てた養母ルソー夫人と三〇年近く同居し、[16] ディドロの『ダランベールの夢』でも対話相手となるレスピナス嬢とは二〇年余りに及ぶ同棲生活を送るなど、情に深い一面も持ち合わせたという。

『百科全書』第三の男、「項目製造機」ジョクール

ルイ・シュヴァリエ・ド・ジョクール（一七〇四—七九年）は、共同編纂者のディドロ、ダランベールに知名度の点でははるかに及ばないが、第二巻（一七五二年）から項目執筆協力者として参加して、『百科全書』の全項目数の約四分の一にあたる一万七〇〇〇以上もの項目を執筆した「最多項目執筆記録保持者」である。第七巻（一七五七年）の項目「ジュネーヴ」をめぐるスキャンダルを発端とした二回目の刊行中断で共同編纂者ダランベールをはじめ、多くの執筆協力者が去ることで刊行事業が最大の危機を迎えた折に、孤軍奮闘する編纂者のディドロを支え、まさに馬車馬のような働きぶりで第八巻から第一七巻本文の約三五％に上る項目を量産した。ジョクールの仕事は独創性こそ乏しく、さまざまな文献からの引き写しと切り貼りによる、今で言う「コピー＆ペースト」の手法に基づく項目が多かった。しかし、宗教から政治、経済、医学、文芸、芸術まであらゆる分野をカバーし、大量の学術情報を編集・加工して項目に仕立て上げる巧みな仕事ぶりは、単なる粗製濫造とは異なる職人芸であった。

ジョクールは、四、五人の秘書を従えて自ら文献を読んでは口述筆記させ、一日一三時間から一四時間を『百科全書』の項目の執筆に当てる生活を長年倦むことなく続けてあのディドロを呆れさせた。『百科全書』第八巻・巻頭の「緒言（Avertissement）」でディドロがジョクールの名前だけを実名で挙げ、

図4　ジョクールの肖像（作者不詳）

刊行再開に果たしたその貢献に深甚なる謝辞を表したのも当然のことである。[17]

ジョクールは、フランスの由緒正しい貴族の家系の出だが、幼少期からジュネーヴ共和国へ留学し、プロテスタントの信仰を身につけた。ジュネーヴに続いてのケンブリッジ大学で三年間学んだ後、オランダのライデン大学で高名な医学者ブールハーフェに師事し、医学博士となる。学友には、種痘の普及に努めた百科全書派の医学者テオドール・トロンシャンがいた。一七三六年に三二歳でフランスに戻ったジョクールは、幅広い学識と優れた語学力を生かして作家活動を開始する。一七五二年にディドロに見出されて『百科全書』の刊行計画に初期から参加し、ディドロが最も信頼を置く執筆協力者として大小無数の項目を提供した。代表的な項目には「租税」、「寛容」、「奴隷制」などがあり、いずれも経済的平等、宗教的寛容、政治的自由などの見地からフランスおよびヨーロッパの旧社会を批判した大胆な啓蒙主義的主張で知られる。一七五六年にはロンドン王立協会、一七六四年にはプロイセンのベルリン王立科学アカデミーの会員に選ばれている。[18]

『百科全書』の完結がジョクールの堅忍不抜の精神とその驚異的な仕事ぶりを抜きには考えられなかったという意味で、ジョクールは影の立役者である。『百科全書』の執筆協力者、百科全書派のフィロゾフとしてのその実力が近年、正当な再評価に浴しつつあるのは喜ばしい限りである。[19]

4 『百科全書』の執筆陣——啓蒙主義のオールスターとあらゆる専門家が結集

『百科全書』の協力者は項目の執筆者から情報の提供者まで幅が広く、匿名の項目執筆者もいるため、その全貌を捉えるのは容易ではない。何を基準とするかによって人選には異論もあろうが、ここでは、『百科全書』第一巻のダランベールによる「序論」および第二巻から第八巻の編纂者による「緒言」の謝辞で確認できる主な執筆協力者の中で比較的知名度の高い人物をリストの形で紹介することにしたい。なお、一般読者の興味と限られた紙幅を考え、自ら項目を執筆していない情報提供者などについては（たとえば、哲学者ヴォルフの祖述者と知られ、『百科全書』で再利用された手稿の提供者であるドイツ人のサミュエル・フォルメーなど）省略する。

以下の執筆協力者のリストをざっと眺めるだけでも、『百科全書』が、ディドロ、ダランベール、ルソー、モンテスキュー、ヴォルテール、ドルバック、ケネー、テュルゴーら啓蒙主義の思想的中核を担った作家・思想家に加え、各種学術・芸術アカデミーの会員、大学教授や王室学者、王室役職者といったアカデミズムの権威者、さらには聖職者、民間の文人、技師・技術者までをも動員した多彩で重厚な執筆陣を誇っていたことを実感できるはずだ。名もない情報提供者も加えれば、協力者の社会的属性と専門領域の裾野はさらに広がる。もちろん、これほど多くの人々を惹き付けまとめ上げたディドロとダランベールのフィロゾフとしての信望と編纂者としての辣腕があればこそだが、社会的なしがらみを超えた知的連帯によって結ばれたあらゆる分野の専門家による「文人の共同体」の協力なくして、『百科全書』の実現はありえなかっただろう。

学問の進歩や世の中の変化に伴って変化する語彙や情報の新しさでは、『百科全書』は現代の百科事典に敵わないかもしれない。しかし、思想言論の自由が検閲によって制約され身分間の不平等が著しかったアンシャン・レジームのフランスで、これほどあらゆる職業身分のスペシャリストが哲学の進歩と合理的な知識の普及という編纂方針に賛同して一丸となり、その集団的成果がついには世の中を動かす思想的原動力にまでなったという事実は、かけがえのない歴史的記憶としていつまでも語り継がれることだろう。現代の百科事典が超えようと思っても超えられない『百科全書』との差はそこにある。歴史の激動の中から生まれた『百科全書』には、学術ツールの編集技術の枠に収まらない執筆陣の集団的な熱気が込められているのである。

編纂者が謝辞を寄せている以下の執筆協力者たちのうち、教科書で毎度おなじみの「有名人」を除く多くの名前は、アンシャン・レジームのフランスに特有の前近代的な学問分類や職業身分の名称も手伝って、読者の皆さんには馴染みがたく感じられるかもしれない。しかし、そんな彼らのひとりひとりが『百科全書』の刊行計画に歴史的な意義と使命を感じて刊行計画に惜しみなく協力したかと思うと、そこにもまた、ひとつの時代をともに生きた人間群像のドラマが見えてきはしないだろうか。

「序論」に記載された執筆協力者のリスト

＊プロフィールはダランベールによる讃辞の要約。〔　〕内のコメントは筆者による補足。なお、『百科全書』では各項目の末尾に匿名の人物を除く執筆協力者の略号が表示されているので、略号が存在する場合には括弧内に併記する。なお＊（アステリスク）は編纂者ディドロの略号である。

ドーバントン（博物学）　パリ王立科学アカデミー会員、医学博士。王立植物園・博物展示室の管理者。ビュフォン『博物誌』の共著者。一七五一年に雑誌『メルキュール』誌上で『百科全書』の項目「蜜蜂」と「瑪瑙」を相次いで事前公開して成功を収める。（I）

マレ（神学）　情実人事ではなく、自らの学識と実力だけによってパリ大学神学部教授、王室神学教授の要職に任命された。『百科全書』に古代・近代史、歴史、詩、雄弁、文芸全般にわたる幅広い分野の項目を提供した。（G）

デュ・マルセ（文法）『比喩論』（一七三〇年）の著者として名高い一八世紀フランスを代表する文法家のひとり。」（F）

イヴォン神父（形而上学、論理学、道徳学）　補佐役のペストレ神父、ド・プラド神父とともに形而上学者としての深遠さと哲学者としての明晰さとを兼ね備えた稀有な人材である。（X）

トゥッサン（法学）　高等法院弁護士、ベルリン王立科学文芸アカデミー会員の資格が示す通りの学識と筆力・文名を兼ね備えている。（H）

エドゥー（紋章学）　さまざまな分野の良書の翻訳によって文芸共和国に多大な貢献を果たした。『百科全書』の刊行元の四書店のひとつブリアッソン書店から刊行されたジェームズ『医学辞典』をディドロと

ともに共訳した人物で、英語に堪能であった。」（V）

ド・ラ・シャペル神父（代数学・基礎幾何学）　王室検閲官、ロンドン王立協会会員。パリ王立科学アカデミーの認可を受けた二冊の数学書で大きな成功を収めた。（E）

ル・ブロン（築城術、戦術、兵術）　王室大厩舎数学教授。『築城術要諦』、『攻囲術要諦』などの著作で高い評価を得た。（Q）

グーシエ（石切術）　数学・自然学の諸分野に深い造詣がある。（D）

ダルジャンヴィル（庭園術・水力学）　国王顧問官、パリ会計院常任院長、ロンドン、モンペリエ王立協会会員。四版を重ね、英語、ドイツ語にも翻訳された『水力学論』を含む『庭園術の理論と実践』の著者。この著作で典雅な庭園と水力学との関係を論じたダルジャンヴィルは、『百科全書』で果樹園、菜園などを含む庭園一般へと考察の対象を広げ、揚水用の水力機械や水門などについて論じ、水力学項目を充実させた。（K）

ベラン（航海術）　王室検閲官、海軍技師。『百科全書』図版の海図に貢献した。（Z）

ル・ロワ、J＝B（時計製造術、天文観測器具の描写）　高名な父親のジュリアン・ル・ロワから受け継いだ専門知識に加え、数学・自然学に関する博識と文芸の教養を兼ね備えている。（T）

タラン（解剖学、生理学）　医学博士。専門著作には医学界でも定評がある。（L）

ド・ヴァンドネス（医学、薬物、薬学）　パリ大学医学部教授。医学の理論・実践の両面に通暁している。（N）

ルイ（外科学）　有資格外科医、サン・コーム学院の王室外科医、『王室外科アカデミー紀要・抜粋』委員。外科学の権威ド・ラ・ペロニーの推薦を得るほどの手術の名手としても知られる。（Y）

マルアン（化学）　パリ大学医学部教授、王室検閲官、王立科学アカデミー会員。『化学論』および『医化学』の著者。（M）

ランドワ（絵画、彫刻、版画）　美術の知識が豊富な上、優れたエスプリの持ち主である。（R）

ブロンデル（建築）　パリおよび諸外国でさまざまな建築を設計し、『建築装飾論』、『フランス建築』などの著作と図版で知られる。一七四四年に建築学校を設立し、自ら教鞭を執るばかりでなく、優秀な人物たちに数学、築城術、透視図法、石切術、絵画、彫刻など、建築術に関係する諸学問を講じさせたブロンデルは、『百科全書』の執筆協力者として余人をもって代えがたい存在である。（P）

ルソー（音楽）『近代音楽論』の著者で、哲学者・才人として音楽の理論と実践に通じる人物。〔このルソーとは、むろん、あのジャン゠ジャック・ルソーその人である。その後、一八世紀を代表する作家・思想家として活躍する一方、思想面では百科全書派および啓蒙主義の理念に背を向けて孤高かつ未踏の道を歩むことになるルソーが『百科全書』の音楽項目の執筆を担当していたことを意外に思う現代の読者もいるだろう。しかし、『学問芸術論』（一七五〇年）によって論壇にデビューする以前の無名時代のルソーは、元々音楽家を志し、家庭教師と並行して写譜で生計を立てていた程、無類の音楽好きであった。後年、オペラ『村の占師』（一七五二年）を自ら作曲し、『音楽辞典』（一七六七年）を編纂した業績なども考慮すれば、音楽項目の執筆協力者としてルソーに白羽の矢が立ったのも何ら不思議ではない。〕（S）

ル・モニエ（項目「磁石」、「電気」、「磁針」）パリ王立科学アカデミー、ベルリン王立科学アカデミー、ロンドン王立協会会員、王室侍医。磁石と電気に関する業績はとくに評価に値する。

ド・カユザック（項目「バレエ」、「ダンス」、「オペラ」、「装飾」）モントーバン文芸アカデミー会員。劇作品『ゼネイード』、オペラ゠バレエ『アムールとイメンの祭り』などで名声を得た台本作者・文人で、オペラの叙情悲劇の分野に関して造詣が深い。（B）

ダランベール（数学、物理学）　序論で名を挙げられた他の執筆協力者の分担範囲外のすべての数学・物理学項目を自ら執筆・校閲し、その他の分野の項目も少数ながら手がけた。また、第一巻の項目「作用」、「アプリカシオン」、「普遍算術」をはじめとする超越的数学に属する諸項目の中で、さまざまな数学的方法の要点と重要参考文献を示すとともに、自らも多くの未解決の問題を解明し、それらの正確・単純な原理を提示した。〔一八世紀フランスを代表する数学者・物理学者らしい自負に加え、自己プロデュースのうまさも光る。〕（O）

ディドロ（技芸、その他の項目）　職人から文献や面談で知識を仕入れたり、自ら機械を観察したり、時にはモデルを制作させるなど幅広く入念な情報収集を踏まえ、『百科全書』の最も広大で重要な分野である技芸の描写によって読者の期待に応えた。さらに、さまざまな分野の膨大な数の項目を無私の熱意で執筆した。中でも項目「技芸」、「鋼鉄」、「ピン」、「粘板岩（スレート）」、「解剖学」、「動物」、「農業」などは、いずれ劣らぬ傑作であり、一部の社交人が項目「技芸」に寄せた理屈っぽく難解であるとの非難は的外れである。[20]（＊）

「緒言」（第二巻―第八巻）で紹介されている主な執筆協力者のリスト

シュヴァリエ・ド・ジョクール　文人の誰からも愛される人付き合いの良さと幅広い知識を活かして

自然学、博物誌をはじめとする幅広い分野で大量にして入念な仕上がりの項目を執筆した。（D．J．）

ヴネル　モンペリエ大学医学部博士、フランス王国温泉総監督官。化学、薬学、生理学、医学の項目の執筆を担当した。〔ヴネルはダランベールの「序論」でも鉱石学に関する情報提供者として言及されている。〕（b）

ドルバック〔当初は匿名〕（鉱石学、冶金学、自然学）　ドイツ語を母語とし、ドイツの化学書を典拠とする大量の専門項目およびその他の分野に関する複数の項目を提供した。〔むろん、『自然の体系』などで知られる無神論者、唯物論者ドルバックである。冶金学、地質学、鉱物学など専門に関する項目は以下の略号で執筆したが、匿名で執筆した項目も多い。〕（—）

ブーシェ・ダルジ（法学）　高等法院弁護士、ドンブ国王評議会評議員。氏の参加のおかげで『百科全書』の法学項目は類書の中で最も充実した豊かなものとなった。（A）

ド・ラ・コンダミーヌ　パリ王立科学アカデミー、ロンドン王立協会、ベルリン王立科学アカデミー会員。アメリカの博物誌と地理に関する項目を提供した。〔パリ王立アカデミー会員として一七三五年に緯度一度分の子午線の孤の長さを測量するためにペルーに派遣された探検隊に参加し、アマゾン川流域の本格的な調査を初めて行なった。〕

マルモンテル　項目「喜劇」、「喜劇的な」、「批評」、「寓話」、「フィクション」など文芸用語、項目「栄光」、「偉大な」、「偉大さ」など道徳用語を執筆した。〔『道徳的コント』(一七五五—五九年)、小説『インカ帝国の滅亡』(一七七八年)など感傷趣味的な作風で知られた一八世紀の人気作家。〕

ボルドゥー（項目「発作」）　モンペリエ大学医学部教授、パリ医師会会員。〔ディドロの対話篇『ダランベールの夢』に実名の人物として登場する。『百科全書』の編纂を通じてディドロが知己を得たモンペリエ学派の医学者で、その生気論医学はディドロの唯物論思想および生命観に大きな影響を与えた。〕

デュクロ（項目「古代人の朗唱」など）　アカデミー・フランセーズ、王立碑文文芸アカデミー会員、フランス王室修史官。〔文人、歴史家。『当世習俗論』(一七五一年)が代表作。〕

ヴァトレ　総収税官、王立絵画アカデミー名誉会員。項目「デッサン」、「習作」、「表現」、「背景」、「形態」、「ジャンル」、「素描」、「版画」など美術項目を執筆した。

ヴォルテール（項目「エスプリ」、「雄弁」、「エレガンス」、「文芸」、「幻想」、「豪奢」、「至福」、「文人」、「趣味」など）〔フランス啓蒙主義を代表する作家・思想家。代表作に哲学的コント『カンディード』(一七五九年)、『寛容論』(一七六三年)などがある。〕

ブルジュラ〔装蹄術、馬術〕　王室馬寮長、リヨン馬術アカデミー校長、パリ王立科学アカデミー通信員。(e)

ド・フォルボネ〔項目「通貨の循環」〕〔一八世紀における重商主義経済理論の代表的な理論家のひとりで『商業要論』(一七五四年)の著者。〕(V.D.F.)

ル・ロワ　ヴェルサイユ狩猟官。項目「堆肥」、「雉子飼育場」、「鷹狩り」などを執筆した。(T)

バルテス〔博識学、解剖学、医学〕　モンペリエ大学医学部博士。項目「賜卜僧」、「幻惑」、「牧神」、「失神」、「女性」などを執筆した。

ケネー〔項目「小作農」、「穀物」〕〔著書『経済表』(一七五八年)で知られる重農主義者で、小麦の取引の自由化などを唱えた。〕

ネッケル〔項目「摩擦」〕〔スイス・ジュネーヴ出身の銀行家、後の財務長官。テュルゴーの後任として国家の財政赤字の立て直しに臨んだ財務長官ネッケルの罷免はフランス革命勃発の引き金となった。〕

モンテスキュー〔項目「趣味」〕〔法思想・政治思想の古典『法の精神』（一七四八年）、書簡体小説『ペルシア人の手紙』（一七二一年）の著者。ヴォルテールらと並ぶフランス啓蒙主義の代表的な作家・思想家。〕

モルレ神父　パリ大学神学部学士。項目「宿命」、「信仰」などを執筆した。〔ド・プラドらとともに、聖職者でありながら啓蒙思想に共鳴し、『百科全書』に執筆協力した。〕（h）

ドゥーシエ、ボーゼ　王室陸軍学校文法教授。項目「形成」、「反復動詞」、「ガリカニスム」、「ジェロンディフ」、「文法」など文法項目を執筆した。（E．R．M．）

ロベール・ド・ヴォーゴンディ　王室地理学者。項目「地理」、「地球」など地理用語に関する項目を執筆した。

5　『百科全書』はどのように編纂・刊行されたのか

チェンバーズ百科事典の仏訳から『百科全書』へ

『百科全書』の出版事業は、一七四五年一月に、ゴッドフリート・ゼリウスという人物がル・ブルトン書店にエフライム・チェンバーズによる百科事典『サイクロペディア』のフランス語訳の出版話を持ちかけたことに端を発する。同年二月には、ゼリウスとジョン・ミルズなるもう一人の人物とル・ブルトン書店の間に契約が結ばれ、三月にはル・ブルトン書店が出版允許《いんきょ》を獲得する。当時のフ

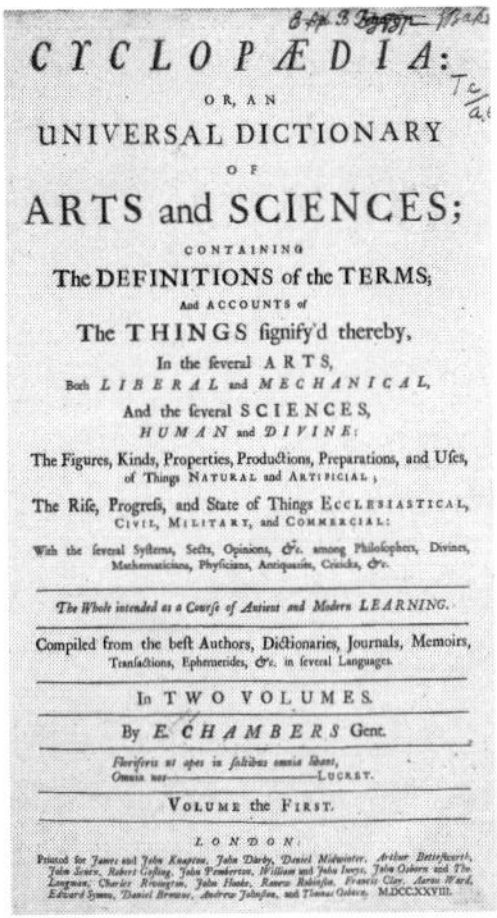
CYCLOPÆDIA:
OR, AN
UNIVERSAL DICTIONARY
OF
ARTS and SCIENCES;
CONTAINING
The DEFINITIONS of the TERMS;
And ACCOUNTS of
The THINGS signify'd thereby,
In the several ARTS,
Both LIBERAL and MECHANICAL,
And the several SCIENCES,
HUMAN and DIVINE:
The Figures, Kinds, Properties, Productions, Preparations, and Uses, of Things NATURAL and ARTIFICIAL;
The Rise, Progress, and State of Things ECCLESIASTICAL, CIVIL, MILITARY, and COMMERCIAL:
With the several Systems, Sects, Opinions, &c. among Philosophers, Divines, Mathematicians, Physicians, Antiquaries, Criticks, &c.
The Whole intended as a Course of Antient and Modern LEARNING.
Compiled from the best Authors, Dictionaries, Journals, Memoirs, Transactions, Ephemerides, &c. in several Languages.
In TWO VOLUMES.
By E. CHAMBERS Gent.
Floriferis ut apes in saltibus omnia libant, Omnia nos——LUCRET.
VOLUME the FIRST.
LONDON:
Printed for James and John Knapton, John Darby, Daniel Midwinter, Arthur Bettesworth, John Senex, Robert Gosling, John Pemberton, William and John Innys, John Osborn and Tho. Longman, Charles Rivington, John Hooke, Ranew Robinson, Francis Clay, Aaron Ward, Edward Symon, Daniel Browne, Andrew Johnston, and Thomas Osborn. MDCCXXVIII.

図5　エフライム・チェンバース『サイクロペディア』初版（ロンドン、1728年）初版は何と2巻本だった。『百科全書』がいかにチェンバース百科事典を質量ともに凌駕したかがわかる。

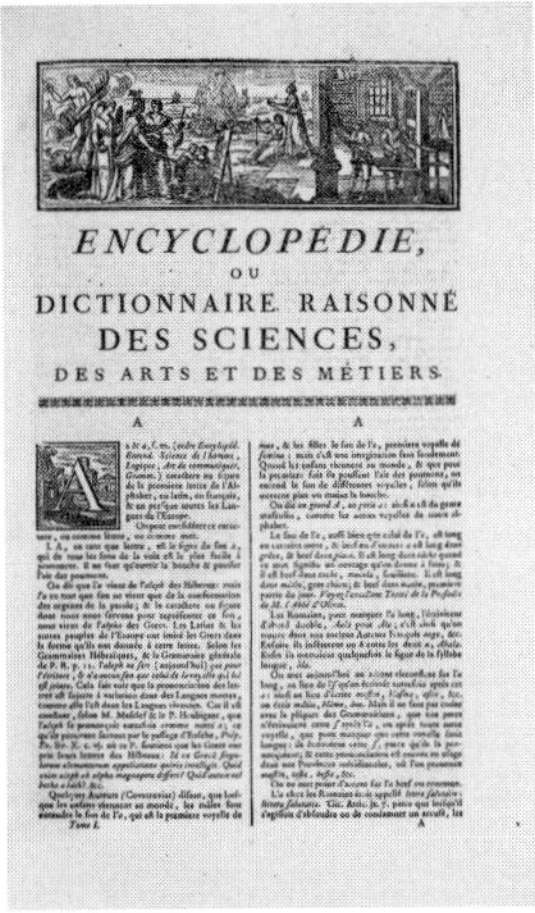
ENCYCLOPÉDIE,
OU
DICTIONNAIRE RAISONNÉ
DES SCIENCES,
DES ARTS ET DES MÉTIERS.

図6　『百科全書』第1巻、1頁。アルファベット順の項目配列なので、当然ながらAの文字が最初の項目になる。

ランスは王権による出版統制が敷かれており、書籍の出版には允許が必要があった。一七四六年には、編纂者に抜擢された科学アカデミー会員のギュア・ド・マルヴ神父と、ル・ブルトン、ブリアッソン、ダヴィッド、デュランの四書店との間に『百科全書あるいは学芸に関する万有辞典』と題された辞典に関する契約が結ばれる。項目の執筆協力者には、書店側からミルズとゼリウスによるチェンバーズ百科事典のフランス語訳が項目のたたき台として用意された。だが、翻訳の出来があまりにひどかったため、同年から、フランス語訳の監修役としてディドロが雇用される。ディドロとダランベールがチェンバーズの再翻訳の作業に自ら携わっていた形跡は、書店の帳簿の支払い記録にも残されている。[21]

当初、『百科全書』の編集を担当したの

は科学アカデミー会員のギュア・ド・マルヴ神父であったが、一七四七年からディドロとダランベールに編纂の任務が託された。『百科全書』の刊行企画は、ディドロとダランベールを編纂者に迎えることによって、チェンバーズ百科事典の単なるフランス語訳から、『百科全書、あるいは学問・技芸・工芸の合理的辞典』を名乗る本格的な百科事典へと大きく舵を切ることになる。

度重なるスキャンダルと刊行中断を乗り越えて

一七五〇年には『百科全書』の予約購読者を募るための「趣意書」(いわゆる第二趣意書・執筆者ディドロ)が八〇〇〇部印刷・配布された。[22] 一七五一年に『百科全書』第一巻が発売されると、たちまち大きな反響を呼ぶ。しかし、『トレヴー辞典』の刊行元で『百科全書』をライバル視するイエズス会は、雑誌『トレヴー評論』誌上で、『百科全書』による「剽窃・盗用」を攻撃し、同辞典が王権や信仰の基盤を掘り崩す危険な書物であるとの批判を展開した。一七五二年一月には、折しも宗教項目の執筆者のひとりド・プラド神父がソルボンヌ大学神学部に提出した博士論文が異端の断罪を受ける、いわゆるド・プラド事件が起きる。その最中に『百科全書』第二巻が出版されるが、ド・プラド事件の背後に宗教破壊を企む百科全書派の陰謀を見て取るイエズス会の働きかけにより、既刊の二巻分の刊行と販売を禁ずる国王顧問会議の決定が下り、『百科全書』刊行事業は一度目の中断の危機を迎える。[23] 幸い、『百科全書』の出版事業に理解がある出版局監督官マルゼルブの根回しもあり、一七五三年には第三巻が刊行され、以後、第七巻まで毎年一巻のペースで刊行が進む。

だが、一七五七年に刊行された第七巻の項目「ジュネーヴ」は、カルヴァン派を異端扱いし、ジュネーヴ市内での劇場建設を勧めるその内容が大きなスキャンダルを呼ぶ。一七五七年の国王暗殺未遂事件以来、一七五八年のエルヴェシウス『精神論』の発禁に見られるように言論統制が強まりを見せる中、事態を重く見た国王顧問会議の決定により、『百科全書』は一七五九年に出版允許《いんきょ》を剥奪されてしまう。この二度目の刊行中断は、ダランベールが共同編纂者の任を降りて数学項目の執筆に専念し、他の多くの執筆協力者が離反するなど、手痛い打撃となった。『百科全書』の刊行計画にはたちまち暗雲が立ちこめたが、ディドロは、海外での刊行計画の続行を勧めるヴォルテールやロシアの女帝エカチェリーナ二世の提案も断り、検閲による言論弾圧の厳しいフランス国内で『百科全書』の残りの巻の準備を進める決意を固めた。この決断は、必ずしもディドロ個人の哲学者としての勇気や責任感ばかりでなく、契約や原稿が書店の側に帰属し、国外での印刷・刊行が事実上困難であるという物理的制約にもよるものだった。[24]

図7　ポンパドゥール夫人の肖像（モーリス＝カンタン・ド・ラトゥール画、1754年、ルーヴル美術館所蔵）。ポンパドゥール夫人は、ルイ15世の寵姫でありながら、ディドロら啓蒙思想家に理解を示した。マルゼルブと彼女との庇護なくして『百科全書』の刊行は考えられなかった。机の上に『百科全書』第4巻が置かれているのが見える。

元より『百科全書』の刊行計画に理解を示していた出版局監督官マルゼルブが第二次刊行中断に際し、本文の出版允許を剥奪する一方で、図版の巻の刊行に新たに允許を付与し、政府が命じた本文の予約購読者への予約購読料の返金を回避するなど、刊行の続行を黙認・支援したことも大きかった。この間に、反百科全書派の急先鋒であったイエズス会が一七六二年にフランス国内から追放されたことも出版計画続行の追い風となった。

ついに完了した『百科全書』刊行計画

いずれにしても、共同編纂者ダランベールの離脱により、一七五九年以降、ディドロは『百科全書』の執筆・編集・校正などの雑務をほとんど一人で背負うこととなった。ディドロはいつまで続くか知れぬ編纂・執筆作業を「苦役」[25]と呼んで我が身の悲運を嘆き、まともに仕事をしない執筆協力者たちに時に恨み言を述べながらも、ジョクールという百人力の助っ人を得て、編纂・執筆作業を進めた。

本文第八から第一七巻の準備はフランス国内で非合法に急ピッチで進められた。一七六二年にヴォルテールが再度残りの巻の海外での刊行を勧めたところ、ディドロは、国内で印刷が進行中で、手元に校正刷まであることを理由にこの申し出を断っている。[26]こうして、反百科全書派など守旧派による度重なる妨害や刊行中止などの危機、さらには、無断でディドロの原稿に自己検閲による修正を加えた版元のル・ブルトン書店の「裏切り」にもかかわらず、[27]一七六六年には本文第八巻から第一七巻が刊行された。とはいえ、第二次刊行中断以来、『百科全書』本文の第八巻以降の巻は、表向きには存在しないことになっていたため、版元をスイス・ヌーシャテルのサミュエル・フォルシュ書店と偽り、ディドロの名前を表に出さないなど、苦肉の策が取られた。一七六二年から逐次刊行されていた図版の方も、一七七二年に最後の二巻が刊行された。こうして本文一七巻、図版一一巻からなる『百科全書』は、ついに日の目を見たのであった。それも、本来なら作家として一番脂が乗る三〇代から五〇代の二〇年近くを『百科全書』に捧げ、最後まで編纂の現場に踏みとどまったディドロの自己犠牲とプロデューサーとしての力量があってのことであろう。

Ⅱ 『百科全書』はどう読まれたのか

1 宣伝に貢献した反百科全書派の誹謗中傷

『百科全書』の販売は予約購読制をとった。ディドロによる「(第二)趣意書」が八〇〇〇部配布されてから半年後の一七五一年四月段階で、一〇〇二名だった予約購読者は、同年末には二六一九名に増え、最終的に約四〇〇〇名に達した。[1] 出版社が設定した当初の予約購読料は二八〇リーヴルと高価であり、その後、予定された巻数を超えて刊行された本文と図版を加えると、最終的に全巻分の価格は九〇〇リーヴルに達したため、購入できるのはほぼ富裕層に限られていた。また、識字率がきわめて低く、市場に流通する書物の点数も、読書を習慣とするインテリ層の人口も少なかった。こうした点を考えると、約四〇〇〇名の予約購読者を数えた『百科全書』は、当時としては立派にベストセラーの名に値する。「趣意書」の段階での予定を超えて巻数が増えるにつれ、予約購読数に追加料金が発生したことを契約違反とし、『百科全書』の刊行元を相手どって訴訟を起こした文人・出版業者リュノー・ド・ボワジェルマンが行なった見積もりによれば、『百科全書』の刊行によって連合書店は二四〇万リーヴルの利益を上げたという。また、ディドロも一七七二年のエカチェリーナ二世宛ての書簡の中で、書店側の利益が最終的に二五〇万リーヴルに達したと述べている。[2]

なお、ヴォルテールによれば、『百科全書』の出版事業は二五年にもわたって千人を超える職人、製紙業者、印刷業者、装丁業者、彫版師の仕事を創出し、七六五万リーヴルの資本を循環させることで東西両インドの交易をしのぐ経済効果をあげたという。[3]

しかし、『百科全書』は高価な上に、第七巻目での第二次刊行中断以降、公には出版が認められず、地下出版に近い形で印刷・刊行が進められたので誰もが手軽に入手できたわけではなく、本文だけでも二つ折り判の大型本で一七巻にも及んだ。そのため、一般読者が持ち運び、閲覧するにはあまり適さなかった。[4]『百科全書』の項目内容およびその進歩の哲学の社会的普及という点では、『百科全書』そのものもさることながら、『百科全書』の刊行の妨害・阻止を狙いとした反百科全書派による度重なる誹謗中傷や攻撃、それに対する百科全書派の反論や弁明、『百科全書』に好意的な記事・書評といった、新聞、雑誌など定期刊行物上で展開された論争が果たした宣伝効果も大きかった。

一七五〇年に『百科全書』「趣意書」が配布され、一七五一年に第一巻が刊行されると、イエズス会が刊行する雑誌『トレヴー評論』の論客ベルティィエ神父は、相次いで『百科全書』の「剽窃・盗用」と反宗教的・反王権的な「危険思想」を批判し、ド・プラド事件に続く『百科全書』の第一次刊行中断のきっかけとなる反百科全書派の攻勢の口火を切った。ベルティィエ神父の一連の攻撃の背景には、『トレヴー辞典』の編纂元であるイエズス会が『百科全書』を商売敵として脅威に感じていた事情などがあった。

百科全書派も、ベルティィエ神父と『トレヴー評論』の攻撃に黙って甘んじてはいなかった。ディドロは、『百科全書』「趣意書」の「人間知識の体系図解」の解説が経験論哲学の祖フランシス・ベーコン（一五六一―一六二六年）からの剽窃である、とのベルティエ神父の批判にパンフレットで応戦した。[5]それとともに、『百科全書』のオリジナリティーをアピールし、第一巻刊行への世論の期待を高めるべく、自らが執筆した項目「技芸」および博物学者ドーバントンによる項目「蜜蜂」および「アガート（瑪瑙）、アカテス」の先行公開に踏み切った。[6]続いて共同編纂者のダランベールは、第一巻（一七五一年）「序論」で『百科全書』の「人間知識の体系図解」（七二頁の図を参照）がベーコンの学問分類に想を得たことを認めつつ、理性の役割を重視した『百科全書』の哲学的企図、人間知性の諸能力を原理とした学芸の体系的な分類法、項目間の参照法などの斬新さを強調した。第一次中断を経て『百科全書』の刊行が再開されると、ダランベールは第三巻（一七五三年）「緒言」でも、項目の大半をバザーニュの『フュルティィエール辞典』からコピーしたトレヴー辞典に『百科全書』の「剽窃」を批判する資格はなく、『百科全書』が下敷きとしたチェンバーズ百科事典そのものが示すように、辞書の項目は共通の典拠と相互の借用から成り立つため類似は避けがたい、との反論を試みている。

反百科全書派・反動勢力の代表的な論客には、この他に、ヴォルテールの天敵で雑誌『文芸年鑑』（一七五四―七六年）の主幹を務めたエリ・フレロン（一七一八―七六年）、百科全書派を敵対視する影の宰相ショワズール公の差し金でディドロらフィロゾフを滑稽に描いた自作の喜劇『哲学者たち』（一七六〇年）を上演したシャルル・パリソ・ド・モントノワ（一七三〇―一八一四年）、雑誌『週刊検閲官』（一七五九―六二年）の主筆で『百科全書に対する正当な偏見』（一七五八年）の著者アブラム＝ジョゼフ・ド・ショメックス（一七三〇―九〇年）らがいる。彼らは、キリスト教会・イエズス会、王権・政府の意向を汲んで雑誌など出版メディアを駆使した、今で言うネガティヴ・キャンペーンを展開し、『百科全書』および百科全書派のフィロゾフを執拗に攻撃した。そのために彼らは時の権力におもね、金銭次第で醜聞を書き散らす売文家として、ディドロ、ヴォルテールら百科全書派から唾棄されるとともに、聖俗の権力を後ろ盾としたメディアと世論への侮れない影響力から恐れられもした。小説『ラモーの甥』でパリソら売文家をモラルのかけらもない悪漢として痛烈に諷刺していることからも、彼らの卑劣な誹謗中傷に度々煮え湯を飲まされたディドロがいかに私怨を抱いていたかがうかがい知れる。

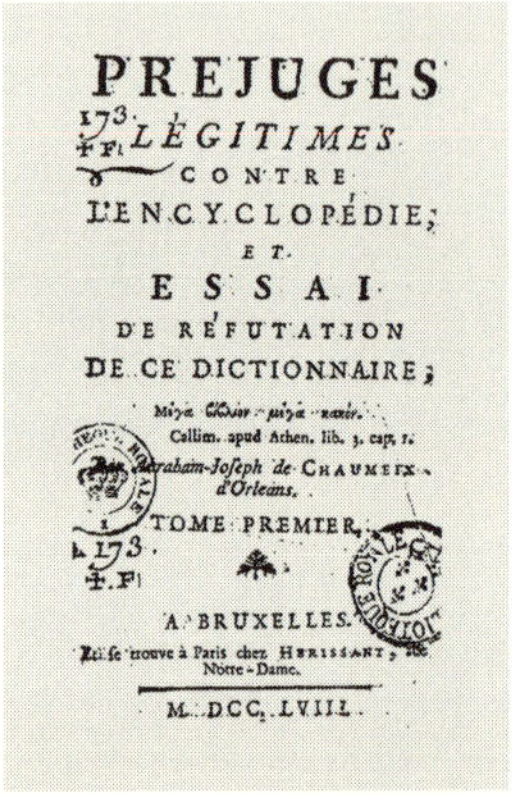
PREJUGES
LÉGITIMES
CONTRE
L'ENCYCLOPÉDIE;
ET
ESSAI
DE RÉFUTATION
DE CE DICTIONNAIRE;
Callim. apud Athen. lib. 3. cap. 1.
Abraham-Joseph de CHAUMEIX, d'Orleans.
TOME PREMIER.
A BRUXELLES.
Et se trouve à Paris chez HERISSANT, rue Notre-Dame.
M. DCC. LVIII.

図8　ショメックス『百科全書に対する正当な偏見』第1巻（1758年、フランス国立図書館所蔵）こうした批判や反駁の書物や記事が続々と出版された事実は、逆にそれだけ『百科全書』が世間の注目を集めていたことを物語っている。

だが、当時のフランスにおいては、言論を弾圧する検閲制度と刑罰が存在すればこそ、作品の禁書・焚書や本人の逮捕によって作家の文名にかえって箔がつくこともしばしばであった。反百科全書派による攻撃が激しさを増せば増すほど、『百科全書』の刊行事業に対する国内外の知識層の注目と期待が高まった一面もあるかもしれない。

ドイツの社会哲学者ユルゲン・ハーバーマスの著書『公共性の構造転換』（一九六二年）によれば、一八世紀の市場の規模拡大に伴う大量の定期刊行物・書物の商品化と消費によって、そうした出版物を読んで、文芸、政治など共通の関心事について、国家や市場の利害や身分・地位を離れて対等の立場で討論する読者公衆が登場した。彼らは都市のサロン、読書クラブ、カフェ、あるいは劇場などで活発に意見を交換し、「公共圏」と呼ばれる言説の空間を形成したという。[7]

定期刊行物などの出版メディアが、刊行部数を飛躍的に伸ばし、公論の形成に寄与しつつあった時代に、このような賛否両論を交えた公開の論争が、啓蒙の哲学の命運を賭した『百科全書』という一大出版事業に対する読者公衆の注目をかえって増す結果となったことは想像にかたくない。

その意味で、反百科全書派は、その執拗な攻撃によって短い目で見れば刊行計画の足を引っ張りはしたものの、『百科全書』が標榜する進歩の哲学の普及と前進を妨げた「抵抗勢力」として歴史に汚点を残し、大事業を全うした百科全書派の「偉大な栄光」をかえって引き立てることとなった。それは、後世による正当な評価を確信し、「良き市民」を自称する「偏狭な精神の持ち主や心根の曲がった輩」による『百科全書』への攻撃を、数年後には忘れ去られる小物による「下らない批判」として退け、[8]『百科全書』の歴史的使命を世論にアピールしたディドロらの論争戦略の勝利とも言える。幾多の困難にもかかわらず、当初の計画をはるかに超えた本格的な百科事典として世に問われた『百科全書』の画期的な成果が、何よりも雄弁にそうした周囲の雑音を沈黙させたのは言うまでもないが、反百科全書派がしかけたネガティヴな批判・攻撃すらもが読者公衆の関心を呼び、『百科全書』の社会的普及に一役買ったのは確かだろう。

2 『百科全書』の普及を後押しした定期刊行物

なお、公衆が『百科全書』について議論する際に、実際に『百科全書』の現物を読んだことがあるとは限らなかった。『百科全書』の項目の抜粋や書評、『百科全書』の「剽窃問題」や反体制的な言辞の危険性などに関するベルティエ、フレロン、ショメックスらによる攻撃・批判は、『トレヴー評論』、『文芸年鑑』、『週刊検閲官』といった数々の雑誌や新聞や著作が、多くの場合否定的な論調ではあれ、『百科全書』各巻の刊行とほぼリアル・タイムに報道・喧伝するところとなったからだ。たとえば、ショメックスの『百科全書に対する正当な偏見』では、「エチオピア人」、「動物」、「自然権」、「折衷派」、「エピクロス主義」といった、ディドロの重要な哲学項目の数々が紹介され、詳細な分析を加えられた。[9]『百科全書』を直接入手・閲覧できた裕福で幸運な一部の読者を除き、こうした著作や雑誌記事の読み齧りや聞き齧りで文芸サロンや読書クラブ、あるいはカフェの議論に参加した市民も多かったはずだ。『百科全書』の社会的普及を論じる際には、ディドロら百科全書派と対等なレベルで議論し世論をリードできる作家・知識人から、読書の習慣と教養があるエリート層、さらには雑誌・新聞は読むが読書の習慣をあまり持たない一般市民まで、さまざまな水準で読書や討論による「啓蒙」が多元的に進行したと考えるべきだろう。

一方、フランス国内では、イエズス会など保守勢力に目の敵にされ、度々検閲や出版メディアによるバッシングの的となり、文字通り四面楚歌の状況にあった『百科全書』を積極的に擁護した数少ない新聞・雑誌もあった。そのひとつは、ディドロの友人でドイツ人の文筆家フリードリヒ・メルヒオール・グリムが一七五三年に創刊し主幹を務めた雑誌『文芸通信』（一七四七—九三年）である。もうひとつは、『百科全書』に心酔する文芸批評家ピエール・ルソーがベルギーのリエージュ、次いでブイヨンで刊行した雑誌『百科全書新聞』（一七五六—九三年）であった。

『文芸通信』は、元々プロイセン（現ドイツ）のフリードリヒ二世の兄弟であるハインリヒ、アウグスト＝ヴィルヘルム、フェルディナンドの三名を読者に想定していたが、最終的には十数名程度まで予約購読者を増やした。一七七二年まで二週間に一号、それ以降は月刊のペースで、ナッサウ＝ザールブリュッケン王女、ザクセン＝ゴータ大公妃、スウェーデン国王グスタヴ三世、ロシアの女帝エカチェリーナ二世、旧ポーランド王・ロレーヌ公スタニスラス・レスチニスキら、啓蒙主義に理解がある、フランス近隣諸国の開明的な王侯貴族のみに手書きの写稿の形で配信された。印刷による公刊の形を取らず、検閲を受ける恐れがないため、フランス国内では生前多くの作品の公刊を断念していたディドロも、小説『ダランベールの夢』、『運命論者ジャックとその主人』、『ブーガンヴィル航海記補遺』や美術批評『サロン評』、『絵画論』といった主要著作の多くを『文芸通信』に掲載した。ディドロは、ヨーロッパ諸国の王侯貴顕からなる少数の幸福な読者に、自作に対する後世の評価への期待を仮託したのである。[10]

一方、ピエール・ルソーが主宰する『百科全書新聞』は、文芸と政治をテーマに予約購読者に配信され、『百科全書』のさまざまな項目の抜粋や『百科全書』を熱烈に擁護する記事によって、『百科全書』の知識と精神の社会的普及を後押しした。これら二つの雑誌の共通点は、フランス国内で猛威を振るっていた検閲と言論弾圧を避けるために、国外で配信もしくは刊行されたことである。『文芸通信』がヨーロッパの啓蒙専制君主を含む王侯貴族の少数の知的選良を対象とした、いわば「上からの啓蒙」を志向したのに対し、『百科全書新聞』は、フランスを含むヨーロッパの一般市民を読者公衆とする定期刊行物として、より「開かれた啓蒙」を狙いとしていた点に性格の違いがある。『百科全書新聞』は、『百科全書』が体現する哲学の精神を、国家の壁を越えてヨーロッパ諸国の幅広い公衆に「啓蒙」する貴重な広報メディアの役割を果たしたのだ。

また、『百科全書』の項目は、雑誌など以外にも、ダランベールの『文学・歴史・哲学論集』(一七五九、六七年)やディドロの『哲学・演劇作品集』(一七七二年)など、項目執筆者自身の著作に再録されることによっても流通した。[11]

3 スイス、イタリアを中心にヨーロッパ中に広がる『百科全書』

一方、『百科全書』そのもののフランス国内を中心とした普及に関しては、パリ版(初版)の刊行が果たした役割が何と言っても大きい。なお、版元の連合書店の証言によれば、『百科全書』パリ版の四〇〇〇件の予約購読のうち、四分の三近くは地方もしくは海外からの発注であったという。[12] 一七六六年に『百科全書』の第八巻から第一七巻がまとめて刊行される際に、政府がパリ市内およびヴェルサイユでの販売を禁止したという事情があったにせよ、この販売実績からも、『百科全書』の出版事業が首都パリのみならず、フランス国内の地方都市、さらにはヨーロッパ近隣諸国の知識層の絶大な関心と期待を集めていたことがわかる。

ただし、『百科全書』の知識と精神のヨーロッパ規模の普及および後世への伝承という点では、スイスで刊行されたヌーシャテル版、イヴェルドン版や、イタリアで刊行されたルッカ版、リヴォルノ版など再版や海賊版、パンクークによる『百科全書 補遺』(一七七六―七七年、本文四巻、図版一巻)、さらにはパンクークがアルファベット順の『百科全書』をテーマ別に並べ替え、大幅な増補を加えた

『系統的百科全書』（一七八二―一八三二年、全二〇〇巻以上）も、パリ版（初版）に劣らず、あるいはそれ以上に大きな役割を果たした。

『系統的百科全書』でパンクークが目指したことは、パリ版（初版）ではアルファベット順に編集された学芸の知識を、分野（テーマ）ごとに再編するとともに、新たに執筆協力を募った各界の権威の手で内容を更新することだった。本家の『百科全書』に匹敵する四〇〇〇名の予約購読者をまたたく間に獲得し、作家マルモンテルが担当した第一巻（「文法と文学」一七八二年）を皮切りに開始された『系統的百科全書』の刊行は、期間にして約五〇年、巻数にして実に約二〇〇巻という規模に達した。[13]

パンクークは、『系統的百科全書』以前にも『百科全書』初版の再版をフランス国内で企画したが許可が下りなかったため、スイス・ジュネーヴのクラメール書店およびサミュエル・ド・トゥルヌ書店からパリ版初版のほぼ完全なコピーによる再版（二つ折り判で本文三三巻、補遺五巻、一七七一―七七年）、いわゆるジュネーヴ版を刊行していた。

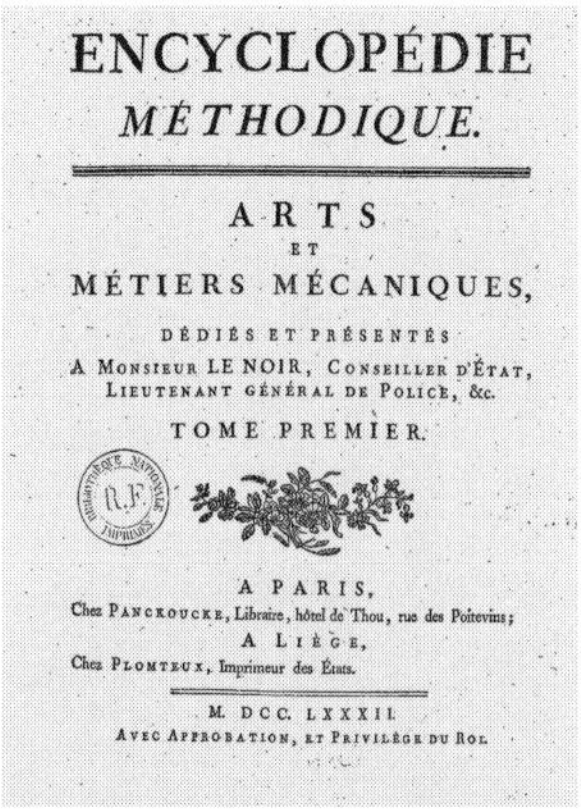
ENCYCLOPÉDIE
MÉTHODIQUE.
ARTS
ET
MÉTIERS MÉCANIQUES,
DÉDIÉS ET PRÉSENTÉS
A MONSIEUR LE NOIR, CONSEILLER D'ÉTAT, LIEUTENANT GÉNÉRAL DE POLICE, &c.
TOME PREMIER.
A PARIS,
Chez PANCKOUCKE, Libraire, hôtel de Thou, rue des Poitevins;
A LIÈGE,
Chez PLOMTEUX, Imprimeur des États.
M. DCC. LXXXII.
AVEC APPROBATION, ET PRIVILÈGE DU ROI.

図９『系統的百科全書』第１巻（1782年）パンクークは『百科全書』の内容に大幅な増補・改訂を加えたものを、アルファベット順ではなく主題別に刊行した。

同じ頃、スイス・イヴェルドン在住のイタリア人フォルテュネ・バルテルミー・ド・フェリーチェも『百科全書』の再版を企画した。こちらはパリ版（初版）の単なるコピーではなく、地理・歴史項目にスイスに関する補足・訂正を加え、カトリック教会の正統的解釈と百科全書派の無神論的なキリスト教批判が入り交じる宗教項目に改革派（プロテスタント）の視点から独自の反駁を試みる註を施したものである。出版地を区別するためにイヴェルドン版（四つ折り判・本文四二巻、補遺六巻、図版一〇巻、一七七〇―八〇年）と呼ばれる。

さらに、両者と競合するように、ジュネーヴの印刷業者ペレも、ヌーシャテルの印刷会社と連名で、四つ折り判にして本文三六巻、図版三巻の再版を一七七八年から一七七九年にかけて刊行した。このペレによる重版は三版を数え、三八四リーヴルに抑えられた価格もあって、八〇〇〇人もの予約購読者を得た。[14] その内、フランス国内からの予約購読が約九割を占めたという。[15]

このペレの再版をそっくりコピーした上で、サイズを半分の八つ折り判に落とした二つの版も、一七七八年から一七八二年にかけてベルンとローザンヌの出版印刷業者によって刊行された。一九五リーヴルの低価格で発売されたこの八つ折り判の予約購読者は五五〇〇名に達した。予約購読の内訳は、フランス国内が一〇〇〇名、国外が四五〇〇名であった。[16]

イギリスでは、『百科全書』の第一巻がフランスで刊行されるなり、パリ版（初版）の海賊版がロンドンの出版業者によって企画された。このロンドン版は四つ折り判で、海賊版にもかかわらず、パリ版の半分の価格で刊行を継続する挑発的な広告を打った。そのため、不当な競合を恐れた『百科全書』の版元の連合書店は、一七五一年一一月に急遽ロンドンに社員を派遣し、海賊版の版元の出版業者との利害調整の交渉に乗り出さざるをえなかった。こうした商売上の軋轢からか、あるいは読者の需要そのものを見込めなかったためか、海賊版のロンドン版は、第一巻が一七五二年に刊行されたきり、その後続刊を見ないまま計画自体が立ち消えになった。結果として、『百科全書』の複数の再版が企画・刊行され、出版ビジネスとして成功を収めたスイス、イタリアなどと異なり、イギリスでは『百科全書』をフランスから直接購入する読者が多かったという。

リベラルな政治的意見で知られた雑誌『マンスリー・レビュー』誌は『百科全書』の自由な精神を好意的に評価した。また、スコットランド啓蒙思想を代表する経済学者アダム・スミスも『百科全書』を高く評価するとともに、『国富論』冒頭で分業を論じるにあたって、項目「ピン」（執筆者ドレール）に記述されたマニュファクチャー的分業のシステムを参考にした。イギリスの各種百科辞典が『百科全書』の技芸を中心とした実用知識を取り入れるなど、『百科全書』のイギリスにおける影響は決して小さくなかったが、こと政治・宗教項目における『百科全書』の大胆な批判に対するイギリスの読者の反応はむしろ冷淡であった。[17]

意外なことに、イギリスのみでなく、オランダ、ドイツ、さらにはアメリカでも『百科全書』は少数の例外を除き、無関心もしくは敵意をもって迎えられ、異端審問が存在したスペインでは禁書に指定された。これらの国々でも、技芸の実用的な知識は一部の読者の関心を集めたが、社会秩序の転覆を招きかねない大胆な政治的・宗教的見解は、しばしば行きすぎとして反撥を呼んだのだった。[18] ロシアやポーランドでは、『百科全書』は開明的な知識層や支配層によって新思想や先進的な科学知識のモデルとされた。[19]

出版ビジネスのレベルでスイスについで『百科全書』の反響が大きかったのは、カトリック国のイタリアである。当時のイタリアは多数の小国の集まりからなる分封国家だった。そのひとつ、ルッカ共和国の貴族オッタヴィアーノ・ディオダーティは、『百科全書』パリ版（初版）の再版に、宗教的

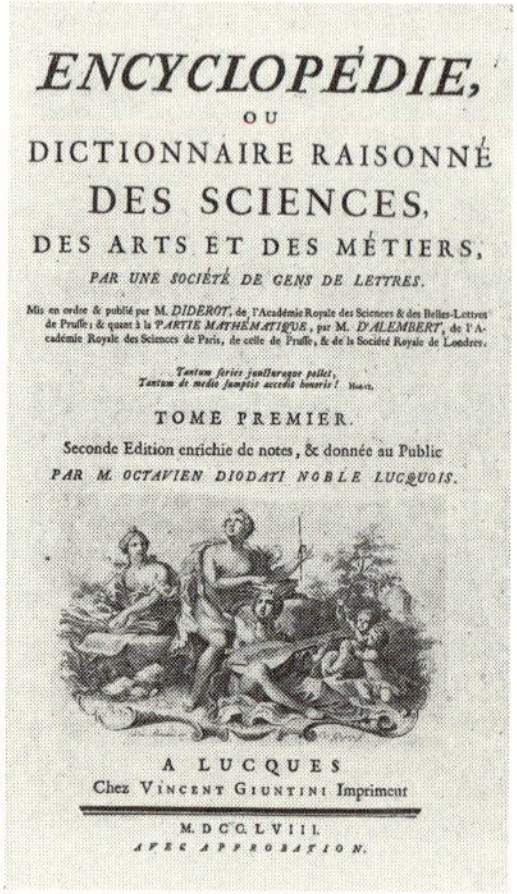

図10 『百科全書』ルッカ版、第1巻（1758年）ディオダーティによって編纂されたルッカ版は、カトリックの教義に配慮した独自の注釈などを特徴とする『百科全書』の再版として、商業的にも成功を収めた。

内容に関する反論・批判を中心とした豊富な註や補足を盛り込んで刊行した。これは、『百科全書』の反宗教的な項目に対するローマ教皇庁の検閲を想定しての用心であった。案の定というべきか、本文の最初の三巻が出た後、一七五九年九月三日付の教皇書簡で『百科全書』は禁書指定を受けてしまうが、出版地名や註を省くなど検閲対策の軌道修正を加えた上で、刊行は続けられた。このいわゆるルッカ版は、最終的に二つ折り判で二八巻（本文一七巻、図版一一巻）になった。

同じくイタリアのトスカーナ大公国（現在のトスカーナ州）の都市リヴォルノでも、啓蒙専制君主のひとりトスカーナ大公レオポルド一世（後の神聖ローマ帝国皇帝レオポルト二世）の強力な庇護の下、ジュゼッペ・オベールの手によって『百科全書』の再版が二つ折り判（本文一七巻、図版一一巻、一七七〇―一七七八年）で刊行された。このいわゆるリヴォルノ版には、一部ルッカ版からの再利用を含む相当な量の註が施され、庇護者のトスカーナ大公への献辞が添えられていた。[20]

スイスと比べたイタリアのルッカ版（予約購読者三〇〇〇名）とリヴォルノ版（予約購読者一五〇〇名）の流通形態の特徴は、フランス国内の予約購読者がほとんどいなかったことと、[21]ローマ教皇庁のお膝元で厳しい検閲の目が光るローマ教皇領の首都ローマではなく、国家としての主権と独自の検閲制度を備え、言論の自由が比較的尊重された独立小国家で刊行されたことである。このやや特異な流通形態は、ローマ・カトリック教会およびローマ教皇庁による言論統制が厳しかったイタリアならではのものと言えよう。

このように『百科全書』は、パリ版（初版）に再版、海賊版も加えると、フランス国内のみならず、スイス、イタリアなどでも複数の版が企画・刊行され、当時としてはかなりの数の予約購読者をそれぞれ実際に獲得し、出版ビジネスの商品として大成功を収めた。むろん、その最大の理由は、フランスおよびヨーロッパ各国のリベラルな知識層の間に、技芸・科学技術など実用的な新知識に対する需要や、時に政治・宗教の領域にまで踏み込む自由な哲学的論議を渇望する精神的土壌が存在したことであろう。

4 『百科全書』の後世への影響

欧米および日本の場合

フランス国内における『百科全書』の普及と影響に関しては、パリ版（初版）および、ジュネーヴ版、イヴェルドン版などスイスの各種再版もさることながら、パンクークが主題別に再編纂し、一八世紀と一九世紀をまたぐ形で五〇年間にわたって刊行した『系統的百科全書』が果たした役割も侮れない。分野別に巻がまとめられ、内容も増補された『系統的百科全書』は、項目がアルファベット順にランダムに配列された本家本元の『百科全書』より実用面での使い勝手に優れている面もあった。

やがて時代の変遷とともに、『百科全書』が新機軸として強調した技芸に関する新知識は徐々に古びて陳腐化し、政治・宗教に関する百科全書派の批判的見解も、フランス革命によってアンシャン・

レジームそのものが打倒されるとアクチュアリティーを失い、歴史の現実によって追い越された観があるのは否めない。

しかし、あらゆる学芸において各分野の専門家が執筆した項目をアルファベット順に配列し、学芸の分野を示す分類項目名、項目間の参照指示、定義を視覚化した図版などの画期的工夫によって体系的な知識の提供を目指した『百科全書』は、形式・内容の両面において、その後ヨーロッパ各国で編纂された近代的な百科事典のプロトタイプとなった。

残念ながら、西周《にしあまね》の講義録『百学連環』(一八七〇年)や文部省編纂による『百科全書』(チェンバーズ『国民知識事典』の翻訳、一八七三―八六年)に始まる日本の近代的な西欧式の百科事典の編纂の歴史にフランスの『百科全書』が直接の影響を与えたことはないようだ。日本がようやく鎖国を解いた一九世紀半ばから西欧の学問の輸入が本格化した一九世紀後半にかけて、ヨーロッパでは、イギリスの『ブリタニカ百科事典』(一七六八―七一年初版)、ドイツの『ブロックハウス百科事典』(一七九六―一八〇八年初版)や『マイヤー百科事典』(一八四〇―五二年初版)、フランスのラルース『一九世紀世界大辞典』(一八六六―七六年初版)など、数多くの本格的百科事典が既に版を重ねていた。また、明治期における西欧の学問の受容も英語もしくはドイツ語を介して行なわれるケースが多かったため、当時から見ても情報が古くなった『百科全書』およびパンクークの『系統的百科全書』をわざわざフランス語から翻訳する意味が薄れていたことも事実であろう。

とはいえ、『ブリタニカ百科事典』とはじめとするヨーロッパの近代的な百科事典の数々が『百科全書』の発想や形式を多かれ少なかれ受け継いでいること、『百科全書』が近代的な百科事典の原点であることを考えれば、『百科全書』は日本における百科事典の編纂の歴史にも間接的な影響を与えたと言えるだろう。

『百科全書』と啓蒙主義の功罪

『百科全書』に結実した啓蒙主義の哲学と広い意味での百科全書派の思想は、革命期の人権宣言およびフランス第五共和国憲法に謳われた自由、平等、友愛の概念をはじめ、世界の民主主義国家を原理的に構成する普遍的な理念の数々のうちに受け継がれていった。一方、『百科全書』が刊行され、フランスおよび欧米諸国で人権の概念が芽生えつつあった一八世紀後半に至っても、世界では圧政、奴隷制に基づく植民地経営など、人権を無視した政治的・経済的支配が広く行なわれていた歴史を思い起こせば、啓蒙主義者たちが唱えた理想と現実との間に大きな隔たりがあったことは否めない。たとえば、一九世紀から二〇世紀前半にかけて西欧の帝国主義列強は、「文明」による「未開」の克服を西欧文明社会の歴史的使命と見なすイデオロギーを錦の御旗にアフリカ、カリブ海域、東南アジアなど非西欧地域に対する植民地支配を正当化し、現地独自の文化をしばしば破壊し、その資源や労働力を収奪した。

さらに、理性信仰、人間性や文明の進歩への無限の信頼といった啓蒙主義以来の近代的な価値観は、原子爆弾に象徴される最先端の科学知識と工業技術を応用した軍事技術が人類史上未曾有の規模の殺戮を引き起こした第一次世界大戦と第二次世界大戦の惨禍によって、その限界も露呈した。とくに、ユダヤ人の民族絶滅を目指してナチス・ドイツが政策として行なったホロコーストに象徴される野蛮が啓蒙主義的な理性から必然的に生まれるとしたアドルノとホルクハイマーの名著『啓蒙の弁証法』（一九四七年初版）は、近代啓蒙主義の破産を宣告した。

科学や技術が進歩すればするほど人間社会の幸福は増大するに違いないとの啓蒙主義以来の楽観的な信頼も、東西冷戦時代を頂点とする核戦争の危機と大量破壊兵器の拡散、世界各国における工業生産と大量消費の一層の拡大に伴う環境汚染や自然破壊、人智による制御の限界を抱えた原子力発電の危険などを人類が経験した今では過去のものとなっている。二〇一六年には、化石燃料の使用に伴う平均気温の上昇や異常気象の頻発など地球規模の気候変動への懸念から、二〇二〇年以降の温室効果ガスの削減を目指してほぼ全世界の国家間で結ばれたパリ協定が発効した。この歴史的な前進は、自然の支配と利用が人間社会にもたらす経済的効用と福祉を技術の進歩によって最大化することを是としてきた啓蒙主義以来の考え方に歯止めをかけ、地球環境との共生に人類の生き残りをかける画期的な試みとして期待される。

しかし、西欧近代社会の歴史的歩みへの反省から生まれたこうした批判は、西欧中心主義的な文明観や、人間の感性を軽視する硬直した合理主義、人間性や自然環境への配慮を欠いた科学技術万能主義など、西欧近代社会のイデオロギーやテクノロジーに転用された啓蒙主義の通俗的解釈に向けられたもので、啓蒙主義や『百科全書』が目指した人間性の解放や抑圧的な権威の打倒という、本来の目的とその歴史的意義を決して損なうものではない。見方を変えれば、負の遺産としての重みが語られるほどまでに、啓蒙主義こそが徹底して西欧近代および民主主義的な近代市民社会の精神的な背骨を形成したのであって、啓蒙主義なくして近代的な民主主義社会の実現がありえなかったのは論を俟《ま》たない。その意味では、私たちは否が応でも啓蒙主義と『百科全書』の精神の延長線上に生きていくことを運命づけられている。そして、たとえば、いまだに国民が自由を抑圧され民主化を待ちわびる専制国家が少なからず存在し、いわゆる先進国を含め、人種や男女の不平等が根強く残り、人権がさまざまな形で蹂躙され、資本の支配と新自由主義の席巻によって経済格差が拡大する一方の世界の現実を振り返れば、啓蒙主義と『百科全書』が掲げた自由、平等、友愛、人権といった人間的理想が、決してその思想的価値と役割を失ってなどいないことがわかるはずだ。

Ⅲ 『百科全書』の新機軸――人間知識のネットワーク化とビジュアル化

1 販売促進パンフレット「趣意書」とディドロの宣伝戦略

チェンバーズ百科事典というモデル

『百科全書』「趣意書」とは、『百科全書』の刊行に先立って、予約購読者を募集するために印刷・配布された販売促進用の宣伝パンフレットである。一七四五年に配布されたものと、一七五〇年に配布されたものとのふたつのバージョンがあり、いずれもディドロが執筆した。研究者の間では、それぞれ、いわゆる「第一趣意書」と「第二趣意書」として区別されている。既存の辞典類に比べた『百科全書』の斬新な編纂方針をディドロ自らが読者にアピールすべく文章化した「趣意書」は、当初チェンバーズ百科事典の翻訳として企画された『百科全書』の刊行計画が、いかに本格的な百科事典の編纂へ方針を転換していったかを教えてくれる研究上の重要な基礎資料である。それとともに、『百科全書』の事典としての成り立ちや特徴が一般読者にもわかりやすく説明された絶好の『百科全書』ガイドともなっている。ここでは、出版史・研究史において『百科全書』「趣意書」として一般に広く認知されてきた「第二趣意書」に基づいてその内容を紹介しよう。ディドロはまず冒頭で『百科全書』の性質とその編纂方法を次のように紹介している。

文芸の刷新以来、全般的な知識が社会に普及し、知らず知らずのうちにより深い知識への備えを人々に与えるあの学問の萌芽が生まれたのが辞書のおかげでもあることは、異論の余地がない。だとすれば、あらゆる事柄について調べられ、自分には他人に教える勇気があると思えるような人々を導くとともに、自分自身のためだけに学ぶ人々に知識を与えるのにも役立つ本がこの〔辞書の〕分野に存在することがどれほど重要であったことだろう。

それは私たちが目指した美点のひとつではあるが、美点はそれだけに留まらない。学芸に関連するあらゆることを辞書の形にまとめる上で、以下の点も重要となった。さまざまな学芸が互いに支え合っているのを実感してもらうこと、そうした相互援助の原理を確実に、それらの帰結を明解にすること、自然を構成し人間の心を占めて来たさまざまな存在の、遠かったり、あるいは近かったりする関係を示すこと、絡まり合った根や枝をつたって、他のいろいろな部分に上ったり下ったりしなければこの全体のいくつかの部分をよく知ることができないということを示すこと、ありとあらゆる分野と時代における人間精神の努力の成果の総覧を作成すること〔……〕である。

今まで誰もこれほど大きな著作を構想したことがなかった。あるいは少なくとも実現したことはなかった。〔……〕とはいえ、百科事典は種々存在し、ライプニッツも百科事典が必要だと述べた時にそのことを知らないわけではなかった。

これらの著作の大半は前世紀以前に出版されたものだが、すっかり軽視されたともいえず、大

> した才能は見られないが労苦と知識は窺えるとされた。だが、こうした百科事典が私たちにとって何の役に立つというのだろうか。その後、学芸においてどれほどの進歩が果たされたことだろう。当時は誰も予見しなかったのに、今日に至って発見された真理がどれほどあるだろうか。真の哲学は揺籃期にあり、無限の幾何学はいまだ存在せず、実験物理学も辛うじて登場したかしないかという頃で、弁論術は少しも存在せず、健全な批判の法則もまったく知られていなかった。デカルト、ボイル、ホイヘンス、ニュートン、ライプニッツ、ベルヌーイ、ロック、ベール、パスカル、コルネイユ、ラシーヌ、ブルダルー、ボシュエらはまだ生まれていないか、あるいは執筆活動を始めていなかった。学者たちは探究心と競争心に突き動かされていなかった。〔……〕正確さと方法の精神も、文学のさまざまな分野を少しも征服していなかった。そして、研究によって学芸をここまで前進させた各種アカデミーは創設されていなかったのだ。[1]

以上のようにディドロは、過去に百科事典が存在することはしたものの、それらが近代の偉人やアカデミーによるさまざまな発明・発見や研究成果がもたらした学芸の目覚ましい進歩を反映していない点を弱点として指摘し、あらゆる人間知識のカタログ化を目指す『百科全書』の壮大なスケールの大きさをアピールしている。一方、こうした類書の中でも、チェンバーズ百科事典に大きな借りがあるのは認めつつも、フランスの先行辞典類からの大量の引き写しを含むチェンバーズ百科事典をそのまま翻訳しても意味がなく、二つ折り判の二巻本では質量ともに貧弱なので、チェンバーズの仏訳は早々に断念したと述懐している。中でも、ディドロの目にチェンバーズ百科事典の見逃しがたい欠陥と映ったのは、機械的技芸に関する記述がほとんど見られない点であった。[2]

チェンバーズ百科事典の全訳に目を通した結果、諸学問は膨大な量の事項が足りないこと、自由学芸は何頁も必要なのに一言しか書かれていないこと、機械的技芸にいたっては何もかも補う必要があることがわかった。チェンバーズは、書物は読んだが、職人にはほとんど会っていない。ところが、工房でしか学べないことは実に多いものだ。それに、ここで言う欠落は、他の著作における欠落とは訳が違う。厳密には、百科事典にはひとつも欠落が許されない。普通の辞書に項目がひとつ欠けていても不完全になるだけだが、百科事典の項目がひとつ欠けていると、連鎖が断ち切られ、形式と内容を損なうので、チェンバーズはこの欠点を埋め合わせるためにあらゆる技巧を凝らさねばならなかった。だから、どの読者にとっても非常に不完全でフランス人の読者にとっては新味に欠けるこのような著作が我が国で大勢の読者の称賛を得られたとは思えない。[3]

このように、ディドロは、古今の学芸のあらゆる分野の知識をカバーする網羅的・系統的性格を『百科全書』の長所として挙げる一方、自分たちがチェンバーズ百科事典の仏訳を参照しつつも、大半の項目を一から書き直し、残りの項目についても増補・修正・削除など独自の編集を加えた旨を力説している。これは、剽窃批判に口実を与えないための周到な用心でもあった。

過去の辞典類に比べた『百科全書』の特色はいろいろあるが、そのひとつに、チェンバーズ百科事典における技芸分野の知識不足に目を付け、技芸項目の欠落をほぼゼロからすべて補うことを『百科全書』の編纂方針のオリジナリティーの柱として打ち出した点がある。そのあたりは、やはり日常生活と乖離した空想世界に閉じこもる凡百《ぼんぴゃく》の文人なら思いもよらない、職人の息子ディドロならではの慧眼とセンスと言うべきだろう。そして、ここには、辞典編纂者としての自負や学術上の高尚かつまっとうな理由はむろんのこと、既存の類似商品、ライバル商品のさまざまな欠点を時には露骨に数え上げ、独自商品のメリットを消費者の潜在意識に植え付けて購買意欲を刺激しようとする現代の比較広告の手法にも似た、出版ビジネス上の販売戦略も見え隠れしている。共同編纂者のディドロとダランベールの任務には、『百科全書』の編集・執筆作業だけでなく、予約購読者数を増やして刊行事業を商業的な成功に導くための広報活動も含まれていたのである。ただし、ここでいう広報活動とは、こうした商業的な意味での販売促進活動から啓蒙主義の普及を目的とした哲学的・プロパガンダ的な言論までを幅広く含むものだった。

学芸の枝分かれをビジュアル化した「人間知識の体系図解」

ディドロは、『百科全書』の項目が属する学芸の諸分野の枝分かれと結びつきをツリー状に図示した「人間知識の体系図解」を着想した経緯を以下のように説明している。

我々は、英国人の作家〔フランシス・ベーコン〕と同様、合理的でよく考えられた百科事典の実現に向けて踏み出すべき最初の一歩とは、知識の各分野の起源と、さまざまな知識が互いに、もしくは共通の幹と取り結ぶ関係を示すとともに、さまざまな項目からそれらの要点に立ち返る役に立つ、すべての学芸の系統樹を作成することだと感じた。しかしこの作業は容易ではなかった。何巻もの二つ折り本の形でしか実現不可能な著作の骨子をたった一頁にまとめなければならないからだ。

この人間知識の系統樹は、さまざまな知識を、あるいは人間の精神の諸能力に結びつけたり、あるいはそれらの対象となるさまざまな存在に結びつけるなどすれば、何通りにも作ることができた。だが、恣意的な要素が多ければ多いほど困難は増す。にもかかわらず、恣意的な要素は山ほどあるに違いなかった。自然が人間に提供するものといえば、確固たる区分をまったく持たない無数の個物ばかりである。そこではすべてが目に見えないほど微妙に変化しながら連なっている。そして、人間を取り巻くこの事物の大海の上に、ちょうど他の岩を見下ろすかのように海面から飛び出した岩の先端のように事物がいくつか見えたとしても、それは単に、個別的な体系、曖昧な約束事、諸存在の物理的な配列や哲学の真の制度とは無縁な何らかの出来事のおかげにすぎない。ビュフォン、ドーバントンの両氏がそれなりの根拠をもって提唱した、すべてを包含し誰にでも適したあの分類法に自然の歴史を服従させたと胸を張ることさえ許されないのである。ならばはるかに広大な主題を相手にする我々が、両氏のように、事物の性質が含むものと含まないものを識別できる優れた才人たちが満足できる何らかの方法で妥協することなど、なおさら許されなかった。本企画書の最後で、我々のこの広範な作業を導いたさまざまな観念の連鎖とともに、この人間知識の系統樹をご覧いただける。我々がうまく切り抜けられたとしたら、それは専ら、いわば学芸が何もなかった時代に学芸の普遍的辞典の計画を立てたベーコン卿のおかげである。[4]

ディドロは、さまざまな学問の起源を人間の三種類の認識能力に帰し、歴史は記憶力、哲学は理性、詩は想像力の働きからそれぞれ生まれたとしている（七二頁の図11を参照。）。

人間知識という木の幹は、「歴史」（記憶力）、「哲学」（理性）、「詩」（想像力）という三本の枝に分かれてから、さらに、「歴史」は聖俗の歴史と自然史、「哲学」は神に関する学問（形而上学・神学）、人間に関する学問（論理学・道徳学）と自然に関する学問（数学・物理学・自然科学）、「詩」は物語、演劇、寓意へと、それぞれ枝分かれする。これほど内容が多岐にわたるすべての学芸をひとりで論じるのは無謀なので、『百科全書』では、数学は数学者に、築城術は技師に、化学は化学者に、歴史は歴史家に、文法は文法学者に、という具合に、その道で名をなした有能な学者・専門家にそれぞれの分野の項目の執筆を委ねる分担制を採ることにした、とディドロは述べている。[5]

分野ごとに権威とされる専門家を執筆陣に揃えることは、たとえば日本の『世界大百科事典』（平凡社）を繙《ひもと》いてもわかるように、近代的な百科事典ではごく当たり前のこととされている。しかし、チェンバーズ百科事典を含め、『百科全書』以前の辞典類においては、フランス古典悲劇の代表的作家ピエール・コルネイユの弟で劇作家のトマ・コルネイユが編纂した『学芸語彙辞典』（一六九四年）などを典型として、個々の学芸についてはずぶの素人である文人の編纂者が、自らあらゆる分野の語彙を渉猟し定義するのがむしろ普通であった。文語としての国語の洗練を最優先し、技術用語・専門用語を軽視してきたアカデミー・フランセーズの辞書編纂の弊害とも言うべきそうした暗黙の了解を破り、百科事典の編纂・執筆作業に専門家による分担制を採用することを新たな慣行として確立したのは、まぎれもなく『百科全書』の功績である。

編纂者ディドロの役割

だが、ディドロによれば、学芸の各分野の項目の執筆を専門家に委ねても残る作業がある。それは、さまざまな学問や芸術（技術）の隙間で埋もれて来た知識の穴を埋めることと、複数の分野に股がるために専門家が誰も論じなかった知識をつなぎ合わせることだ。この作業は編纂者の役割だが、加筆部分に生じた誤りが本来の項目執筆者の責任にされないよう、編纂者の加筆部分には星印（アステリスク）を付けることにした、とディドロは断っている。[6]

ちなみに『百科全書』の各項目を担当した執筆者は、原則として、項目末尾の括弧内に記されたアルファベットの略号（たとえば、ダランベールであれば（O）で示されるが、代表編纂者のディドロに限っては、アステリスク（＊）の印のみが、項目執筆者としての唯一の手がかりとなる。ただし、星印がついているからといって、それらの項目や加筆部分をすべてディドロが執筆したという保証はない。弟子ネジョンによる証言などからディドロが執筆したものと認定された有名項目も多いが、その認定にも確実性の度合いに応じて数段階のレベルが存在する上、星印がついたそれ以外の無数の項目の中にも、ディドロ本人が執筆した可能性がある未認定の項目がまだまだ残されている。

結果論になるが、ディドロは、専門家が執筆を分担する学芸の各分野を相互に不可侵の聖域と謳い、編纂者の権限を最小限に留める素振りを見せつつアステリスクの匿名性をまとうことで、学芸の分野の隙間を埋めるさまざまな項目や小項目を執筆したり、他の執筆者の項目に批判的な注釈を加えたりする格好の口実と特権を手に入れたことになる。それが果たして本人の意図的な選択かどうかはわからない。だが、ディドロは、『百科全書』のいわゆる第二「趣意書」が配布された一七五〇年の前年に『盲人書簡』（一七四九年）などの著者として逮捕され、ヴァンセンヌの牢獄に収監された過去を持ち、思想家・作家としても、自らの主張を哲学論として声高に唱えるより、むしろ古今の作家・思想家らによる「他人の言葉」にコメントを加える執筆スタイルを好んだ。こうした点を考え合わせると、ディドロが編纂者として黒子に徹しつつ、その透明な存在を逆用して、検閲を恐れずに自己の主張を書き込む自由を手に入れようとした可能性はきわめて高い。

学問と自由学芸を再定義する

ディドロによれば、『百科全書』の内容は、学問、自由学芸、技芸の三種類に分類できる。このうち学問と自由学芸の学問的原理については、最良の作家たちによる明解な説明に、その証拠となる実例や権威を添えるようにした。また、それぞれの項目では、典拠に用いた作家や著作を紹介・引用するとともに、さまざまな見解とその証拠を比較検討することで誤謬や偏見を取り除くように努めた。[7]

このように『百科全書』の編纂方針を説明するディドロの言葉は、伝承された「権威」を無批判に信じず、合理的な検討によって誤謬《ごびゅう》や偏見を正そうとする、まさしく啓蒙主義的な意図に発するものである。

ディドロはさらに、資料提供者や国王をはじめとした庇護者たちに謝辞を述べるとともに、自分たちが収集した古今の学芸の成果に後世の人間がいつまでも新たな発見を付け加えて行くことで、『百科全書』が永遠に不変の人間知識の聖域となるように念じている。

　こうした知識観には、過去から現在、そして未来へと受け継がれる人間知識の歴史を、それぞれの時代の人間による発見の積み重ねがもたらす不断の発展のプロセスと見なす、これまた啓蒙主義に特徴的な「進歩の哲学」が反映されている。

技芸を再評価する

　学問の著作は多すぎるほどなのに、自由学芸の著作はいまだ不充分で、技芸の著作に至ってはほぼ皆無だ、とディドロが嘆いてみせたように、人間知識の序列の最下位に甘んじて来た技芸に関する情報の決定的な不足は、『百科全書』を編纂するにあたって最大の試練のひとつになった。もちろん、技芸の著作を執筆した著者も過去にいるにはいたが、知識や表現力が足りない者や技芸に疎い文人ばかりであったため、職人の作業や機械の描写に頁を割いた者はほとんどおらず、チェンバーズでさえ、フランス語の著作の翻訳にほぼ何も付け加えようとしなかった。[8] こうした技芸の知識を取り巻く惨状に愕然としたディドロは、職人に直接話を聞くことを決意する。しかし、以下にディドロが述懐するように、その苦労たるや並大抵のものではなかった。

　パリと王国フランスで最も腕の立つ職人に話を聞くために、わざわざ職人の工房に出向いて彼らにものを尋ね、その談話を書き取って彼らの考えを詳しく説明し、そこから彼らの職業に固有の語彙を導き出して一覧を作って語彙を定義した。また、あらかじめその論文を入手できた人物とは対話し、（不可欠とも言える用心だが）、ある者たちが不完全に、わかりにくく、時として不正確に説明した内容を、別の者たちと頻繁に長い会話のやり取りを重ねることで修正していった。職人の中にも物書きはいるので、ここで名前を挙げてもよいが、それはごく少数にとどまる。大半の職人は生活の必要から機械的技芸を営み、直感的に作業をしているので、自分たちが使っている道具や自分たちが作っている製品について多少なりとも明快に説明できるのは、一〇〇〇人に一二人程度いるかいないかである。四〇年間仕事をしていながら自分の機械について何も知らない職人が何人もいた。私たちは、職人に対し、ソクラテスが鼻にかけていた、人々の精神の産婆役を務めるという、辛く難しい役目を果たす羽目になった。

だが、非常に特殊な職人仕事や大変細かい手作業もあるので、自ら作業し自分の手で機械を動かして製品が出来上がるのをこの目で見なければ正確に論じるのが難しい。そこで、機械を入手し、組み立てて作業に取りかかり、どうやったらよい製品が作れるのかを他人に教えるために、いわば見習いのようになって、自ら出来の悪い品を製作しなければならないことが何度もあった。

こうして私たちは、自分たちがいかに日用品の大半について無知であるかを思い知らされ、この無知から抜け出さなければいけないと確信したのだった。そして、いかにフランス語に通じた文人でも技芸に関する語彙の二〇分の一も知らないこと、それぞれの技芸には固有の言語があるとはいえ、それはいまだに不完全であること、職人たちが理解し合えるのは会話を交わすのに極度に慣れ親しんでいるから、それも語彙の使用というよりは同じ状況の反復のおかげであることを実証できるまでになった。工房でものを言うのは瞬間的状況であって、職人ではないということだ。

それぞれの技芸については、次の方法に従って、以下の点を論じた。(一)材料とその産地、加工法や品質の良し悪しといった、材料のさまざまな種類、使用前ないし加工時に材料に対して行なう作業。

(二)ある材料からできる主な製品とその製造法。

(三)部品がばらばらの状態と部品が組み合わさった状態の道具や機械の〔部品の〕名称と〔言葉による〕記述と図版、内部や輪郭を知っておいた方がよい鋳型や他の器具の断面図を示した。

(四)職人の行なう主な作業を一枚もしくは複数枚の図版で説明、表現した。図版には、職人の手だけが描かれていることもあれば、専門とする技芸の最も重要な製品の作製に取り組む職人の全身像が描かれていることもある。

(五)その技芸に固有の語彙をできる限り正確に収集、定義した。[9]

ディドロは、『百科全書』でさまざまな技芸の説明と描写に用いた共通の執筆手順を以上のように紹介している。その上で、項目を執筆している本人たちも不慣れな技芸に関する知識を一般読者にわかりやすいように言葉で説明するのが至難の業であることも正直に告白し、「実物もしくはそれを描いたものを一目見た方が、言葉で一頁読むよりもよくわかるものだ」という物書きらしからぬ弱音をこぼしている。まさに百聞は一見に如かずというわけだが、『百科全書』の編纂者であるばかりではなく、ひとりの作家・思想家でもあったディドロが文芸と語彙がまるで違う技芸の知識をフランス語で説明しようとして言語表現の限界に突き当たり悪戦苦闘する姿が思い浮かぶようである。

だが、ディドロは転んでもただでは起きなかった。それまでフランス語に欠落していたに等しい技芸の知識や語彙を職人からの聞き書きで引き出したばかりか、参考資料（マロール神父の版画集成やパリ王立科学アカデミー『技芸と工芸の描写と完成』など）が古い場合には、自ら技芸の道具や機械の操作・分解まで行ない、職人の手仕事を身体感覚に裏打ちされたイメージとして図版に定着させようとしたからだ。[10]

人間知識に残された技芸という未踏の荒野を開拓して文語に偏っていたそれまでのフランス語を技芸の語彙で豊かにし、手仕事によるもの作りという日々の生活に根ざした人間の営みのすべてを図版として視覚化しようとした『百科全書』編纂者としての野心的な挑戦は、近代以降のフランス語と百科事典の文化的成熟に寄与したばかりでなく、作家ディドロの発想や文章表現の可能性を広げることにもつながったはずだ。

哲学者、小説家、美術批評家など数多くの顔を持つディドロの文体と語彙の形成に『百科全書』の編纂・執筆活動、中でも言葉とイメージによる技芸の描写が果たした役割は少なくない。たとえばディドロが王立絵画彫刻アカデミー主催による官展を論評した『サロン評』によって美術評論という新たな文芸ジャンルを切り開けたのも、『百科全書』の編纂者として技芸の知識や言語と格闘する中で自らの文体と語彙を鍛え上げたからだ、と言っても決して言いすぎにはならないだろう。技芸の素材や道具や製品など実用的な用途を帯びた物か、あるいは実用性とはほぼ無縁な美を追求する美術作品なのかという対象の違いこそあれ、いずれにおいても、その場にいない読者という第三者に向けて自分の目に映った物や作品を言葉で再現し、実物を見たことがない、もしくは実物を前にしていない相手の脳裡にどれだけ具体的かつ豊かなイメージを結ばせられるかが表現者としての腕の見せ所になるからだ。

『百科全書』と小説『ラモーの甥』に通底するもの

工房に職人を訪ねて技芸の道具や工程について聞き書きを重ねた苦労話は、たとえ事実の誇張に基づく脚色があるとしても、単なる書斎人に終わらなかったディドロの並外れた知的好奇心や行動力を示している。そして、そこにはディドロの作品を特徴づける文学形式、発話形式でもある対話、それも知的発見を促すソクラテス的対話の究極のシチュエーションが窺える。技芸については素人の哲学者ディドロが、経験や知識こそ豊富なものの、それを言語化する術を知らない職人から職業知を引き出すという難題に七転八倒する姿は、社会階層も教養も言語もまったく異なる者同士の対話という点で、小説『ラモーの甥』を彷彿させる。そこでは、インテリで常識人だが実社会の裏面や世渡りに疎い哲学者の「私」が、大ブルジョワの富裕層のご機嫌取りをしてそのおこぼれに与るアウトサイダーの「彼」から寄食者という特異な商売の秘訣を引き出すのである。

ジャック・プルーストは、著書『オブジェとテキスト』(一九八〇年)に再録された論文の中で、『百科全書』の項目「靴下編み機」と小説『ラモーの甥』という一見異質な二つのテキストを重ね読みすることで、言説としての両者の類似点と異同を見事に浮き彫りにして見せた。[11] ここでは、プルーストの議論を踏まえながらも、やや異なる角度から両者の共通点に注目したい。

『ラモーの甥』の二人の登場人物のやり取りには、職業ごとに異なり、世間の一般常識から一見逸脱して見えるものの考え方や語彙を指す「職業の特有語法」という概念が出てくる。そして、『百科全書』の技芸項目の執筆および図版の作成を通じてディドロが身をもって直面し、苦しめられたものの正体こそ、この「職業の特有語法」であった。それを万人の読者に理解可能な読みやすいフランス語に移し替える苦労がどれほど大きいものであったかは想像にかたくない。職人からの聞き書きや観察を重ねても言葉ではどうしても説明しきれない道具・機械類の複雑な仕組みや工房の作業工程の流れに関して、ディドロが既存の図版などに頼らざるをえなかったのも、むしろ当然だろう。

小説『ラモーの甥』でも、主人公二人の対話は言語によるやり取りに終止するわけではなく、幇間《ほうかん》という、ある種の「芸人」でもある寄食者の「彼」（当時の大作曲家ジャン＝フィリップ・ラモーの甥という設定）は、議論に興奮し興が乗ると、社会のさまざまな階層の人間の阿諛追従《あゆついしょう》をパントマイムで模倣したかと思えば、オーケストラのあらゆる楽器のパートを一人で声で演じてみせる。このラモーの甥のパントマイムもまた、寄食者の立場から「職業の特有語法」を身体を用いて視覚化・具現化する「演示」ないし「再現」の役割を果たしているとすれば、それが、『百科全書』における機械や部品の言葉による定義と、機械の構造や作動の仕組みを図示した図版との関係を連想させるのも、あながち偶然ではないだろう。実際に、批評家で一八世紀研究者のジャン・スタロバンスキーによれば、『百科全書』とは、見たい、見せたい、白日の下に晒したい、描写したい、再現したい、それもできればテキストとイメージで二重に再現したい、という強烈な「演示（démonstration）」の欲望に貫かれ

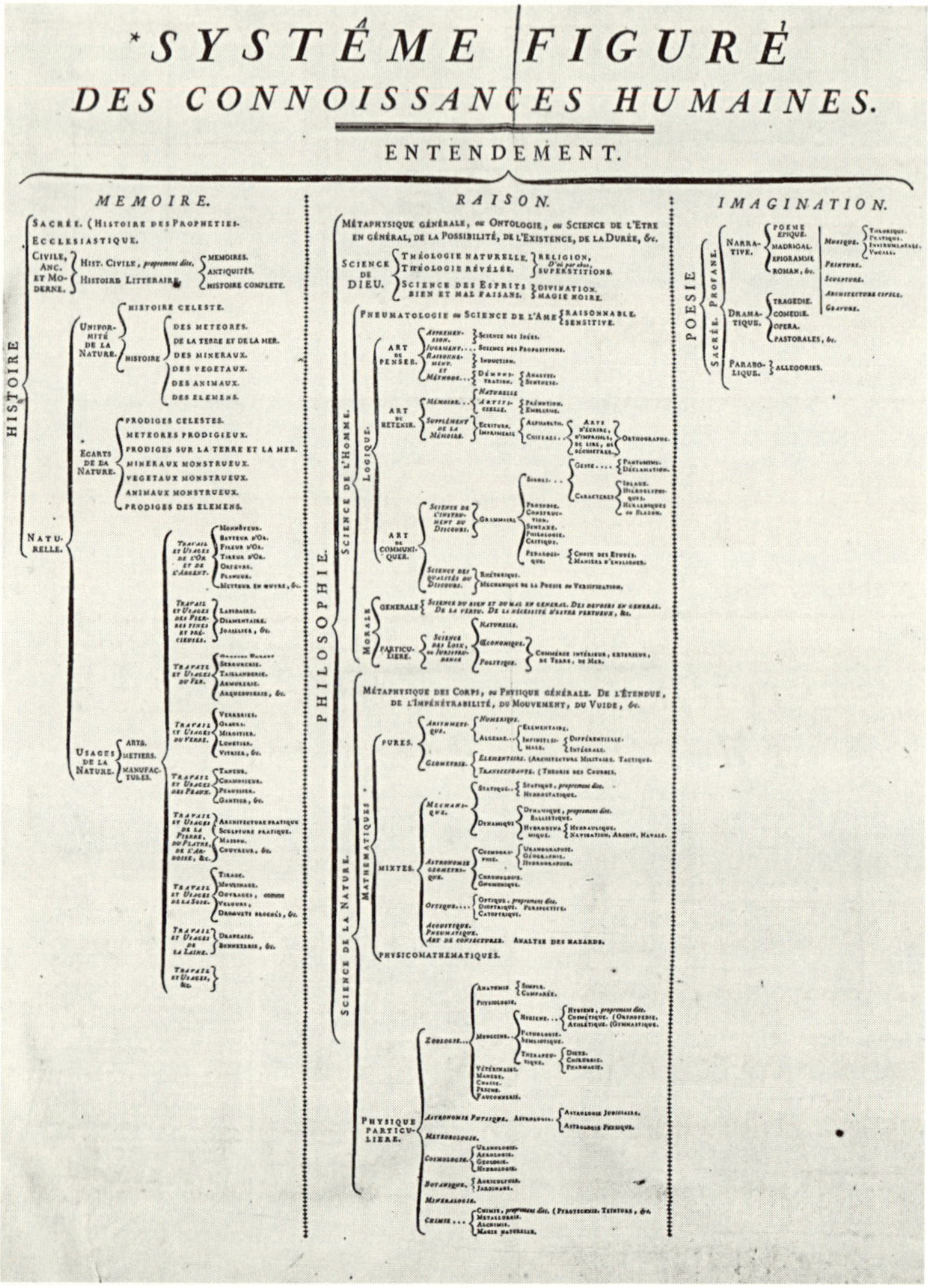

図 11　「人間知識の体系図解」人間の知性（記憶、理性、想像）を原理とする学芸の分類

た企図に他ならないという。[12]『百科全書』の図版には、やはり、『ラモーの甥』や『修道女』などの小説、戯曲、『サロン評』などの絵画論にまで広く見られる「演示」ないし「再現」という、作家ディドロに特有の表現手段と相通ずる視覚化の原理が働いていると言えよう。

記憶、理性、想像力の三大能力

『百科全書』「趣意書」でディドロが採用した認識論（知識論）は、あらゆる知識は人間自身の感覚と経験に由来し、生得観念なるものは存在しないとするジョン・ロックの経験論に由来する感覚論の影響を強く受けている。ダランベールをはじめ、いわゆる百科全書派の思想家の多くは、この感覚論を共有していた。

この考えによれば、人間の悟性（知性）は、自然界のさまざまなものから五感を通じて受け取った知覚を三種類の認識能力、すなわち、記憶力、理性、想像力を用いて処理する。ディドロは、この感覚論を元に、古今のあらゆる人間知識を記憶に基づく歴史、理性が司る哲学、想像力の産物である詩の三種類に分類している。

記憶に由来する歴史

ディドロによれば、歴史は事実を扱う学問だが、神に関する事実は聖史、人間に関する事実は世俗史、自然に関する事実は自然史（博物誌）にそれぞれ属する。[13]ただし、ここで言う「事実」は、必ずしも実際にあったこと、という現代の一般的解釈に限定されない点に注意が必要である。歴史の各分野に関するディドロの説明の中で、現代の学問分類との著しい違いを感じさせるのは、三番目の自然史の下位区分に関する以下の説明だろう。

三、自然史〔博物誌〕の分類は、自然のさまざまな事実の種類の違いによって、自然の事実の種類の違いは自然のさまざまな状態の違いによってもたらされる。自然は、画一的で天体や動物や植物などに見られるような規則的な歩みに従うか、畸形に見られるように通常の歩みを力づくで乱されるか、技芸におけるようにさまざまな用途に強制的に屈服させられるかのいずれかである。その通常の規則正しい歩みにおいても、その逸脱においても、その使用においても、すべてをなすのは自然である。自然の画一性は自然史の第一部門である。自然の誤謬ないし逸脱は自然史の第二部門である。自然の用途は、自然史の第三部門である。

ディドロによるこの自然史の分類を眺めてみると、自然の歴史に、現代であれば生物学で扱われる動植物の発生や畸形の問題が含まれるのは何の不思議もないが、人間による自然の利用の歴史が組み込まれている点は、人為と自然をはなから対立するものとして見る図式に慣れ切った現代の私たちの感覚からすると意外である。貴金属、宝石、鉄、ガラス、皮革、繊維、土、石、木といったさまざまな自然の産物に人間が創意工夫によって手を加えることで技術が進歩発展し続けるという歴史観・文明観が根底にあるのだろう。そこにはまた、自然の研究をあまりに疎《おろそ》かにしたスコラ学の古代崇拝に警鐘を鳴らすという狙いからではあるが、人間は技術と知恵と力によって自然を征服するべきだと主張したフランシス・ベーコンの経験論哲学をルーツとする人間中心的・功利的な自然観が素朴な形で表明されているとも言える。[14]

理性に由来する哲学

ディドロによれば、人間の五感が捉えたさまざまな対象に理性による反省が加わることで学問が生まれるが、それらの中でも、神、人間、自然は、あらゆる学問に関係する重要な対象なので、哲学は、神の学問、人間の学問、自然の学問の三分野に分かれる。

哲学の第一部門には、神、天使から人間、動物に至るさまざまな有限無限の知的存在を司る霊魂（精神）について考察する霊物学から派生した神学、宗教、迷信、占術、黒魔術などからなる「神の学問」が分類されている。[15]

哲学の第二部門に分類される「人間の学問」は、大まかに悟性（知性）が司る論理学と、意志が司る道徳（学）とに分かれる。そして、論理学はさらに観念や言葉の技術を扱う学問である思考術、記憶術、文法、意思伝達術に、道徳（学）は、善悪、義務、正義、美徳などを論じる一般道徳と、個人、家庭、社会などさまざまなレベルにおける義務の観念を論じる自然法学、経済法学（家政論）、政治法学[16]などからなる個別道徳とに、それぞれ枝分かれする。[17]

哲学の第三部門である「自然の学問」には、物理学、数学、数理物理学を筆頭に、宇宙論（天文学、気象学、地理学、水文学《すいもん》）、鉱物学、植物学（下位区分は農業と園芸学）、動物学（派生学問は医学、獣医学、馬術、狩猟、漁労、鷹狩り、解剖学）、医学（生理学、衛生学、病理学、症候学、食事療法、薬学、外科学）、化学（下位区分は化学、冶金学、錬金術、魔術、染色術）が分類されている。[18]

「人間の学問」において、論理学に現代では学問として消滅した記憶術が、道徳学（倫理学）に現代の経済学や政治学にあたる学問が含まれていたり、「自然の学問」において、動物学に漁労や鷹狩りが、（近代化学は錬金術をルーツとするとはいえ）化学に魔術や錬金術などが含まれていたりすることを不思議に思う読者も多いかもしれない。一九世紀に専門分化が進む以前の学芸の未分化な状態を留めていることもあるが、『百科全書』は、学芸の分類の基準がいかに時代によって異なるのかも教えてくれる。

想像力に由来し模倣を原理とする詩

ディドロによると、詩とは、聖俗いずれかの主題をめぐり、実在した人物などを模倣した想像上のキャラクターを描くフィクションを指し、過去の出来事を叙述する物語詩（叙事詩、マドリガル、諷刺詩、小説）、過去の出来事を演技で再現する劇詩（悲劇、喜劇、オペラ、田園詩）、抽象や知性の産物を表現した寓意詩（アレゴリー）の三つに分かれる。さらに広義の詩には、音楽、絵画、彫刻、建築、版画までもが含まれる。なお、ディドロは、英雄の事績や神話を物語調の韻文で歌い上げる叙事詩によって詩を代表させ、過去の現実の出来事を叙述する歴史との親近性を強調している。[19]

この詩の定義は、詩人の個人的な心情や心象や観念の芸術表現を志向する近代ロマン派以降の叙情詩、象徴詩、現代詩に慣れた現代の私たちには馴染みがたいものだ。しかし、ドイツの文献学者・批評家アウエルバッハが文芸批評の古典的名著『ミメーシス』（一九四六年）で指摘したように、三〇〇〇年に及ぶヨーロッパ文芸の歴史がホメロスの『オデュッセイア』など古代の叙事詩を起源としており、模倣を原理とする現実描写にその大きな特徴が見られること、一七・一八世紀の芸術ではジャンルの格式が重視されたことなどを考えると、納得の行く分類と言える。

人間中心主義的な学芸分類

以上が『百科全書』「趣意書」におけるあらゆる学芸の系統的分類のあらましである。ディドロ自身が認めているように、『百科全書』が採用した学問の分類法は、さまざまな基準に基づく数ある分類法のひとつにすぎず、[20] 特定の原理、悪く言えば先入見に基づく点では他の「体系」と何ら変わらない。逆に言えば、それだけ感覚論や経験論をバックボーンとする百科全書派の学芸観の哲学的な傾向を前面に押し出したものと言える。記憶力、理性、想像力という人間知性の三大機能を原理とした『百科全書』の学問分類とそれを図示した「人間知識の体系図解」は、どこまでも人間の感覚と知性と経験を重視した、人間中心的な「体系」なのだ。

図 12　『百科全書』扉絵（C.-N. コシャン原画、B.-L. プレヴォ彫版、1772 年）シャルル＝ニコラ・コシャンが 1765 年に描いた原画を元にボナヴァンテュール＝ルイ・プレヴォが彫版した版画。1772 年にパリ版『百科全書』第 1 巻の巻頭に挿入された。『百科全書』の合理主義的な学芸観と啓蒙主義の栄光が神話的なイメージで象徴的に表現されている。

　人間中心主義というと、一般に、自然は人間によって征服・利用されるべきだという、先述のベーコン以来のいわゆる功利主義的な自然観を指すことが多く、技芸や科学などによる自然の利用の歴史を重視した『百科全書』にも顕著に当てはまる。だが、ここでは、その通常の意味に加えて、人間を中心に据えた知の再編成という意味での『百科全書』の人間中心主義の歴史的な役割と意義を、改めて強調しておきたい。『百科全書』は、天動説から地動説へのいわゆる「コペルニクス的転回」にも匹敵する、神を中心にした世界観から人間を中心とする世界観への転換を学芸知のレベルで決定づけた点で、誇張なしに、近代ヒューマニズムの転回点を示す重要な書物のひとつと言えよう。

2　ダランベールの「序論」を読んでみる

ディドロの「趣意書」との違い

『百科全書』第一巻（一七五一年）巻頭のダランベールによる「序論」は、ディドロによる「趣意書」（一七五〇年）と並び、『百科全書』の関連文献の中でも別格の重要な位置を占めている。ディドロとダランベールが、刊行企画の統括プロデューサーにあたる共同編纂者の立場から『百科全書』の事典としてのオリジナリティーについて自らの言葉で記したメタテキスト[21]であり、また、啓蒙思想家としてまず名前が上がる二人が『百科全書』の刊行企画の学術的価値を哲学的に擁護した弁明ともなっていることが、その理由である。

ディドロの「趣意書」は、販売促進パンフレットの性格上、チェンバーズ百科事典をはじめとする先行辞典類に比べた、『百科全書』の商品としてのメリットの紹介に力点を置いている。

これに対し、ダランベールの「序論」は、ディドロの「趣意書」の内容を部分的に再録・反復しつつも、あらゆる学芸の知識が歴史的に発生し枝分かれした原因に遡ろうとする強力な哲学的推論と、ルネサンス以降、近代人が学問と科学の諸分野において達成した飛躍的進歩の成果を集約した『百科全書』を擁護しようとする論争的な発言に重点が置かれている。

百科全書派の哲学的なプロパガンダ

ダランベールは「序論」の冒頭で、なぜこの「序論」を書くのか、その目的をはっきり述べている。それは、ディドロによる「趣意書」を通読したことがなく、今後『百科全書』を読む気もないのに、たった二人で膨大な量の項目を執筆できるはずがない、といった的外れな陰口を叩く社交人や文人の反論をあらかじめ封じることである。このように、ダランベールの「序論」には、『百科全書』の長所を世論にアピールして保守的な「抵抗勢力」の批判を封じようとする論争的な狙いがはっきりと見られる。その点で「序論」は、情報の提供だけを主な目的とする現代の多くの一般著作や辞典類の序文や解説と異なるロジックに支配されている点に注意したい。

現代においても、科学をはじめとする学術書の論理的な記述の背景には、特定の学派ないし個人の見解が潜んでいるケースは意外に多い。学問とは、一見客観的に見えながら、対立する学説や見解が激しくぶつかり合う、言論による戦いの場でもあるからだ。『百科全書』「序論」もまた、文人など「プロ」の著述家から社交人など「素人」までを含めた同時代の知識層による『百科全書』に対する賛否両論の評価を十二分に意識して書かれた論争的なテキストである。より有り体に言えば、『百科全書』の出版計画と百科全書派の進歩の哲学に対する世論の支持の獲得を目的とした哲学的なプロパガンダなのだ。

感覚論を原理とする人間中心主義的な学芸観

「序論」の狙いは、人間知識を系統的に分類し、学問、芸術、技芸の各分野を詳細に説明することである。ダランベールはまず、人間知識の系統的な成り立ちを明らかにするために、あらゆる知識は感覚に由来するという感覚論哲学に基づいて、諸々の知識の起源となる観念の発生にまで遡ろうとする。すべての人間知識は、心が受動的に受け入れる直接的知識（五感によって得られる知識）と、精神が能動的に知識を組み合わせることで得られる反省的知識とに分かれる。[22] ダランベールによれば、あらゆる知識が感覚に由来するという古代哲学以来の考え方は、中世スコラ学の下で一旦公理とされながら誤謬として切り捨てられ、文芸復興後の哲学の復権とともに生得観念説にとって代わられたが、近年、ふたたびその正しさを認められた。[23]

このダランベールの議論は、感覚論を真理に反する誤謬とした中世のスコラ学もさることながら、生得観念の存在を認めた近代人のデカルトにも向けられている。その背景には、大学などでスコラ学のアリストテレス哲学に代わって公認学説の地位を占めていたデカルト哲学と、ロックの影響でフランスの知識層の間に支持を拡大しつつあった経験論、感覚論との理論対立がある。ダランベールは、デカルトがキリスト教の教義への配慮で温存した生得観念説を斥け、経験論、感覚論を『百科全書』の学芸知の体系的な原理に据えようとしたのである。この哲学的な身振りが、神を中心とした世界観から人間を中心とした世界観への転換を必然的に伴うことは言うまでもない。

「有益な知識」と「楽しい知識」の起源

ダランベールによれば、人間はさまざまな欲求を満たし身を守るために仲間と協力して生存に有益なものを求め、有害なものを避けるようになった。この協力には意思のやり取りと記号の発明が必要なので、社会の形成の起源は言語の誕生と同時であった。[24] やがて、社会を形成した人間がそれぞれの利益のみを追求し始めると強者と弱者の不平等が生まれ、それに対する反発から不正義や善悪などの反省的観念や法律の起源となる自然法が生まれた。続いて人間は、人間が存在するのは全能の知的存在のおかげであることを知り、神を崇拝するようになった。さらに、人間が身体を保護して欲求を満たすためにさまざまな発見を仲間と交換するようになると、農業、医学をはじめとする数々の必要不可欠な技術が誕生し、あらゆる学芸の起源となった。[25]

この頃になると人間は、自然界のいろいろな物の性質や用途について観察・考察するようになった。初めは人間の生存に役立つ物ばかり観察したが、「有益な知識」の獲得が壁にぶつかると珍しい物にも興味を向けるようになり、「楽しい知識」の獲得に慰めを見出すようになった。さらに、「楽しい知識」の探求から思わぬ実利が得られると、純粋な好奇心による探求もいつかは役に立つかもしれないと期待するようになった。ダランベールによれば、以上が農業や医学から発生・発展した自然学の起源である。[26]

ダランベールは、農業・医学など「有益な知識」だけでなく、知的好奇心を満たす「楽しい知識」

も人間知識と学芸の発展に寄与したと主張することで、自らの専門領域である自然学や哲学の長い目で見た文化的な役割も擁護している。そこにはむろん、パリ王立科学アカデミー会員としての自負や利害もある。だが、一見「虚学」に思える学問に秘められた「無用の用」の大切さと文化的な底力を説くこのダランベールの考えには、企業や産業界の経済的利益に結びつく実用的な学問や先端技術ばかりがとかくもてはやされ、人文系の学問や科学の基礎研究がないがしろにされがちな現代の世の中においても、実に学ぶべきものが多いのではないだろうか。人間が何かを学びたいと思うのは、その知識がすぐに役に立つからとは限らず、楽しみとして学んでいることが重要な発見や創造のヒントにつながることも多い。「有益な知識」と「楽しい知識」は文化の創造力を支える両輪なのである。

自然学の諸分野の起源

ダランベールによれば、人間は、感覚を用いて自然を探究するうちに物体には色彩、形態、延長などの性質があることを知り、それらを数学的に抽象化することで幾何学、算術、代数学などを生み出した。また逆に、抽象化によって捨象した感覚的性質をふたたび物体に付与し、物体同士が作用する力や物体の諸性質の計算に力学や幾何学を適用することで、天文学を頂点とする数理物理学を生み出した。

意外なことに、ダランベールは自分の専門の数理物理学における数学の濫用に対して警鐘を鳴らしている。科学者たちが、数学的計算の基礎とすべき実験の不足を埋め合わせようと、自然界の現実とかけ離れた安易な仮説に頼りすぎるというのだ。その極端な例としてダランベールは、人体の血液循環を水力機械の内部における流体の運動に見立てた機械論医学者たちの怠慢を挙げている。[27]

観察と実験によって得られる膨大な量の事実の積み重ねこそが自然科学の土台となるのであって、それらの事実から法則性を導きだすのに力を発揮する数学的計算も決して万能ではない、というダランベールの謙虚な指摘は奥が深い。たとえば、今や驚異的な精度で天体の規則的運行とその例外現象を予測できる天文学にさえ、太陽系外の視認不可能な天体と地球の距離などを含む、天文学的な誤差は存在する。また、たとえば、海流や河川の水流の速度や水圧などを計算する際に、現実の自然環境では不断に変化する気象条件（気圧、温度、湿度、風向き、風速など）、海底や河床の地形（傾斜や凹凸や屈曲）などが及ぼすすべての影響を計算に入れることは事実上不可能だろう。[28] 飛行機や自動車の空力性能や燃費などについても同様だ。公式に表された物理法則は、あくまでも一定の条件下でしか成立しないのである。ダランベールはおそらく、数理物理学の法則や計算が、自然そのものの複雑な営みに比べると近似的にならざるをえないことを誰よりも理解していたのだろう。

自然学以外の学芸の起源

ダランベールは、自然学の諸分野に付け加わった付随的な学問の数々の起源も説明している。それによると、仲間と協力することの利益に気づいた人間は、観念を秩序正しく伝える技術として論理学を、観念を言葉で明解に表現する規則として文法を、情念を伝達する技術として雄弁術を、それぞれ生み出した。さらに、過去や未来の人類とも結ばれて生きたいという願望から歴史や年代学や地理学を、帝国の栄枯盛衰に関する研究から政治学などを生み出した。以上が、人間が感覚から得た直接観念とそれらの結合・比較に基づいた哲学の諸分野である。

しかし、ダランベールによれば、人間の知識には、直接観念の対象となる物を想像したり結合することで生まれる反省的観念を起源とするものもある。絵画、彫刻、建築、詩、音楽など、自然界の事物を再現・描写し、人間の感覚や想像力に働きかけて快苦の感情を引き起こす自然の模倣〔としての芸術〕は、まさにこうした知識に属する。[29]

こうして、ダランベールはすべての学芸の起源と派生を感覚論を原理に説明してみせる。しかし、ダランベールが描き出す壮大な学芸の発展史は、現実の学芸の歴史的な起源や発展のプロセスと必ずしも一致しない哲学的・仮説的な推論である点には注意が必要だ。また、理性を重視する『百科全書』の方針に基づいてとはいえ、さまざまな学芸の起源に数学や数理物理学など自然学を据えているあたりには、やはり一流の科学者ならではの自負と、悪く言えば理系中心的な学芸観も見て取れる。しかし、そうした点も含めて、「序論」には、「趣意書」のディドロとは異なるダランベールの個性と役回りが発揮されていると言えよう。

技芸に対する差別の起源

ダランベールによれば、あらゆる人間知識は、何かを作るための実践的な知識と、さまざまな物とその性質について考察する思弁的な知識とに分かれる。実践的な知識のうち、規則にできるものを技術と呼ぶならば、精神の規則と身体の規則との違いから自由学芸と技芸とが区別され、前者が後者より優れているとされるようになった。自然状態で体力に優る強者に虐げられていた弱者が法や政府を設立し、精神の才能を体力よりも平和的で社会に役立つ原理として重んじたことが、こうした技芸に対する差別を生んだのだった。やがて精神の才能が身体の力に優るものとして広く認められるにつれ、手作業による機械的な技術は、貧しい下層階級の人間たちに任されるようになった。

しかし、機械的な技術が社会にもたらす利益は、困難な頭脳労働を必要とする自由学芸の優位を補って余りあるのだから、手仕事を蔑んではならない。羅針盤の発明は人類にとって、物理学による方位磁針の特性の解明に劣らず有益なのだ。人類に恩恵をもたらした技術の発明者たちが無名なのも、機械的な技術に対する蔑視が原因だが、たとえば時計ひとつをとっても、現在の完成度に至るまでにどれほどの年月と労苦を要したかを思えば、円錐滑車（フュジー）、脱進機、リピーターといった時計の機構の発明者たちは、代数学を完成に導いた功労者たちに劣らず尊敬に値するではないか、とダランベールは問いかける。[30]

ここには、無名の技術者や職人による技術の発明にも科学的発見と同等の社会的な価値があることを素直に認めるダランベールの、いかにも百科全書派らしい公平で開明的な技術観が窺える。これも、物理学者として常日頃から最先端の実験・観測器機の恩恵を被ったり、科学アカデミーや科学雑誌で最新の技術的発明の報告に接したりする中で、技術的発明のありがたみを自ら感じていたからこそ出た本音なのかもしれない。

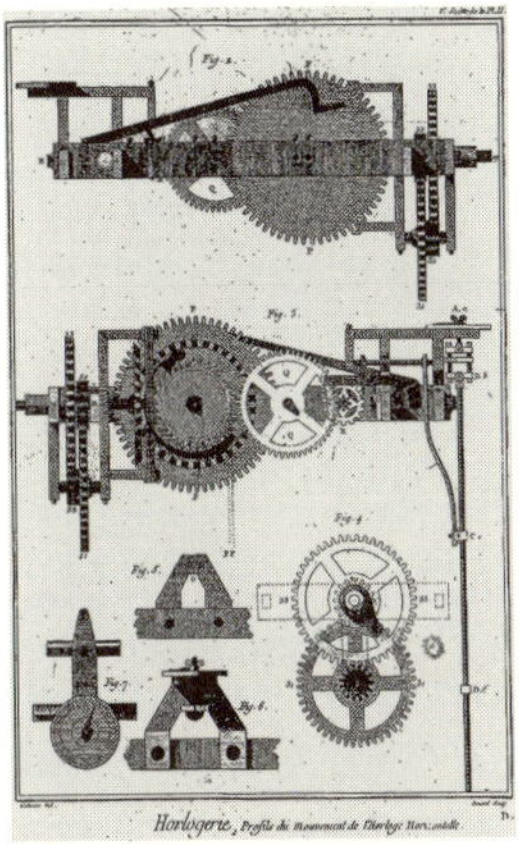

図 13　項目「時計製造業」図版（第 21 巻）建物の壁などに取りつけられる水平式時計の機構部分が精密に図示されている。

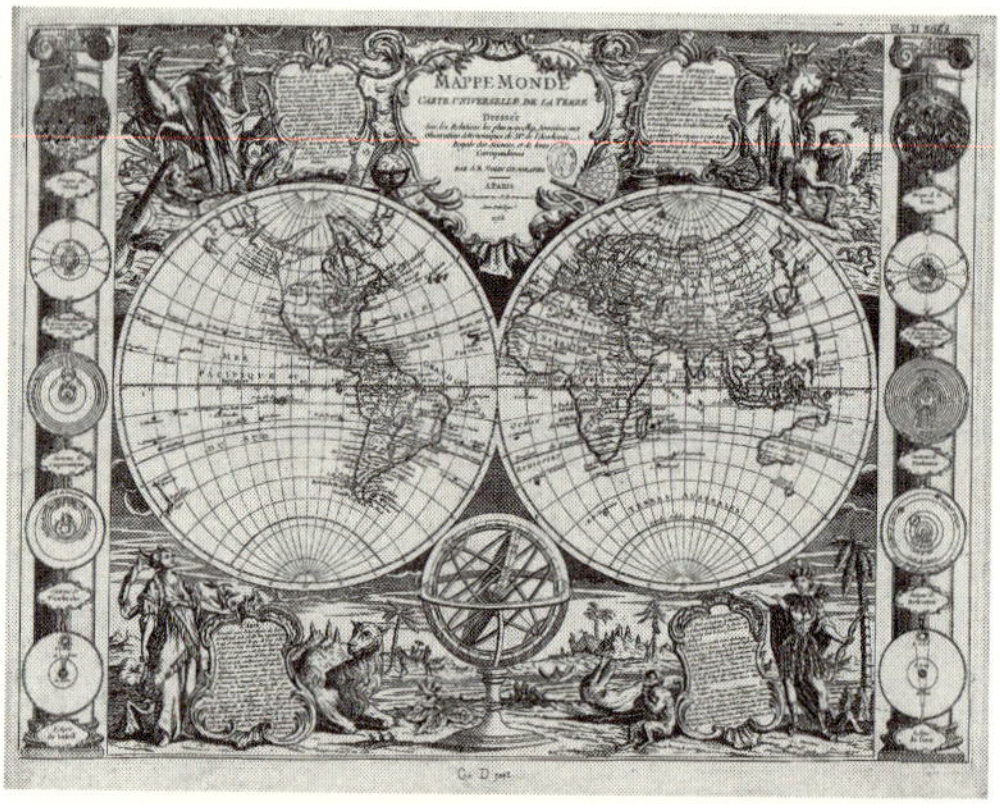

図14　18世紀の世界地図（J.-B. ノラン作図、パリ、1755年、フランス国立図書館所蔵）平射方位図法で東西両半球、すなわち「新世界」と「旧世界」が描き分けられている。欄外の挿絵には、学芸が栄える「文明の地」ヨーロッパと「未開の地」アジア、アフリカ、アメリカとの対照を強調するヨーロッパ中心主義的な文明観が表れている。

「世界地図」としての「人間知識の体系図解」

ダランベールは、学問の起源を説明した人間知識の哲学的歴史に続き、あるゆる学芸を分類した百科全書的な知識の系統樹としての「人間知識の体系図解」へ話題を進めている。ダランベールによれば、百科全書的な系統樹は、哲学者が人間知識という迷宮の遥か上空から主要な学芸を見下ろして、人間知識の枝分かれとそれらの知識を結ぶ抜け道を一目で捉える手助けをしてくれる。それは、主な国々の地理的な位置関係と、ある国から別の国へのルートを示した一種の世界地図のようなものだ。しばしば障害物だらけのそうしたルートは国民や旅行者しか知らず、詳細な個別地図にしか載っていないものだが、『百科全書』の個々の項目はそれらの個別地図に、人間知識の系統樹ないし体系図解は『百科全書』の世界地図にあたるのだ。[31]

このようにダランベールは、世界地図という印象深いメタファー（隠喩）を用いて、『百科全書』に収められたさまざまな学芸が人間知識の全体の中に占める位置や学芸の分野同士の連関を読み解くためのツールとして「人間知識の体系図解」が果たす役割を強調している。ばらばらの起源を持つ人間知識が体系化を拒む迷宮、言い換えれば、「世界」そのものであることを理解しつつ、体系的な分類にも哲学者が学芸の「世界」に分け入るのに必要な「地図」としての役割を認める。このようなダランベールの慎重な議論は、『博物誌』で自然そのものと人為的な分類法の混同を戒めたビュフォンの自然観にも通じる。

ダランベールによれば、世界地図の見え方が図法によって異なるのと同じように、人間知識の体系も分類の基準の数だけ存在しうる。理想の分類法は、すべての個物を目に見えない差異に従って配列したものだが、人間はその一部しか知らないので、自然界の微妙な差異を人為的に再現するのは不可能である。世界（自然）が広大な海原だとしたら、人間には、その水面から覗く大小さまざまな島々は見えても、島々と大陸とのつながりは見えないからだ。[32]

百科全書派のフィロゾフにしては一七世紀のモラリストばりの懐疑的な諦念すら滲ませる達観ぶりだが、ダランベールは、五感の制約を受ける人間の認識能力で自然の全体を捉えることの難しさを科学者として痛感するとともに、いずれは人類が学問上の発見や技術の発明によって、自然という世界の地図に新たな島々や陸地を書き加えていくことに希望も託していたのではないだろうか。その意味で、「人間知識の体系図解」は、未来における学問の進歩を前提とした、あくまで暫定的な知のガイドマップとして構想されたものと言える。

知のナビゲーション・システムの限界

ダランベールは、アルファベット順の項目配列を守りながら人間知識の百科全書的な秩序を再現するために、『百科全書』は三つの手段を採用したと述べている。それによると、項目の見出し語には学問の分類項目名が添えられているので、それを「人間知識の体系図解」と照らし合わせれば、その学問の位置づけを確認できる。また、ある項目が別の項目と関係している場合には、項目間の参照指示かアルファベット順の項目配列のいずれかによって項目同士の関係を把握できる。

だが、ダランベールによれば、いくら百科全書的な知の系統樹において人間知識という幹を共有しているとはいえ、たとえば幾何学に属する項目「円錐曲線」と文法に属する項目「対格」のようにあまりに内容がかけ離れた項目の間に直接の関係を探し求めても無駄である。さらに、事物の一般概念の分類にすぎない百科全書的な系統樹をもって、事物の研究そのものに代えられるという傲慢な過信もダランベールは戒めている。百科全書的な系統樹だけで満足している人間は、世界地図で地球とその主要部分の一般概念を得ただけで、地球に住むさまざまな国民や国家を実際に知ったつもりになっている人間と大差がないからだ[33]。

ここには、あらゆる学芸の枝分かれと連関を視覚化した「人間知識の体系図解」が、所詮は膨大な人間知識を特定の視点から一般化して整理するための分類法、学芸の各分野の入り口まで読者を案内するための便宜的なルートマップにすぎないという割り切った考えが見られる。とはいえ、地図を読めれば見知らぬ土地でも迷わずに旅できるように、「人間知識の体系図解」や参照指示の助けを借りれば素人の読者でも、自分が知らない学問についておおよその一般的な知識は得られるのである。識字率が低く公教育も存在せず、ごく一部のエリートのインテリ層しか学問にアクセスできなかった当時において、このことが知の民主化とも言える画期的な出来事であったことは間違いない。ダランベールの謙虚な発言の裏には、そうした革命的な知のナビゲーション・システムを『百科全書』で実現した自負も垣間見える。

文芸と美術の分野を代表する一七世紀フランスの偉人たち

ダランベールは続いて、文芸復興期に遡る学芸の現実の発展史の説明も行なっている。文芸復興期に再開された人間精神の進歩は、博識学を文芸が受け継ぎ、それを哲学が締めくくるという順序で実現した。ところが、学芸の発展のこの歴史的順序はやむをえない結果であり、人間精神が独力で知識を獲得する本来の順序としては、哲学の方が文芸よりも先に来るはずなのだという。

ダランベールによれば、ギリシア帝国（ビザンツ帝国）の崩壊による古代の知識の流入、印刷術の発明、メディチ家やフランソワ一世による保護といった歴史の「変転」によって野蛮な無知（中世のいわゆる「暗黒時代」）から目覚めた人類が初めて取り組んだのは言語と歴史の研究であった。こうして、古代人が残したあらゆる分野の著作の翻訳と注解が盛んに行なわれたが、記憶にあぐらをかいた博識学の隆盛は、無闇な古代崇拝を生んだ[34]。

しかし、文人たちがフランス語で執筆するようになると、文芸がさまざまな領域で全盛期（一七世紀）を迎え、さまざまな傑作が生まれた。ダランベールは、古代人を凌駕せんばかりの才能を見せた近代フランスの文人として、マレルブ（詩人）、ゲ・ド・バルザック（書簡で知られる散文作家）やポール・ロワイヤルの文法家たち（散文作家）、コルネイユとラシーヌ（悲劇作家）、ボワロー（古典主義の理論家）、モリエール（喜劇作家）、ラ・フォンテーヌ（寓話詩人）、宗教家ボシュエ（雄弁家）などを挙げている。また、近代フランス美術の代表者としては、プッサン（画家）、ピュジェ（彫刻家）、ル・シュウール（画家で『聖ブルーノの生涯』が代表作）、シャルル・ル・ブラン（歴史画家、絵画彫刻アカデミーの創設者）、リュリ（作曲家）の名を挙げている。[35]

こうしたダランベールの議論には、近代人と古代人の才能を比較する独特の発想からもわかるように、一七世紀末から一八世紀初頭にかけてフランスの文芸の世界を二分した、いわゆる新旧論争の名残りが感じられるが、新旧論争で古代派についたボワローやラ・フォンテーヌも近代の偉人としている点はおもしろい。言われてみれば当たり前だが、古代派とて近代人なのである。また、ダランベールが近代フランス人による文芸と美術の頂点を前世紀（一七世紀）に設定している点も意味深長である。これは、フランスのいわゆる古典主義芸術が絶対王政の最盛期にあたるルイ一四世治下で栄えた史実を踏まえてのことではあるが、新旧論争を経て古典主義芸術が既に退潮していたことも考えると、一八世紀を理性と哲学の世紀として大々的にアピールするための論理的布石に見えなくもない。とはいえ、近代人による文学的・芸術的創造を称賛するダランベールの批評眼には歴史的評価を踏まえた現代の視点から見ても確かなものがあり、科学者ながら、現代の文系と理系の区別などものともしないダランベールの文人としての素養すら感じさせる。

哲学の進歩を語る――ベーコン、デカルト、ニュートン

ダランベールによれば、哲学の進歩は、芸術や文芸に比べて遅れをとった。古代人の著作を模倣する風潮やアリストテレスの哲学を絶対視するスコラ哲学が、自然科学と哲学の進歩を妨げたからだ。

古代崇拝が生んだ数多くの偏見は、哲学に敵対し、自然科学もキリスト教の管轄と思い込んだ神学者たちによって強化された。神学の越権行為が生んだ偏見の犠牲者には、ローマ・カトリック教会が真理とする天動説に反した地動説を唱えたために宗教裁判で異端宣告を受けた天文学者ガリレオ・ガリレイらがいる。大法官フランシス・ベーコンは、聖俗の権力の濫用によって沈黙に追い込まれた哲学を匿《かくま》い、後世の人類に光明をもたらした偉人たちの筆頭に数えられる。ベーコンは、哲学を営むには時期尚早との判断から自然科学を重視し、主著の『学問の進歩』（一六〇五年）および『ノヴム・オルガヌム』（一六二〇年）で自然科学の各分野における既知／未知の事実をリストアップし、実験物理学の重要性を強調する先見の明を示した[36]。

ベーコンに続く偉人デカルトは、同時代人の無理解と迫害に祖国フランス、滞在先のオランダを相次いで追われる流浪の生活の中で哲学を一新した。ダランベールは、ニュートンによる万有引力の法則の発見以降、謬説として失墜した渦動説や、ロックの経験論哲学によって斥けられた本有観念など、デカルトの哲学的見解の数々の歴史的限界を認めつつも、代数学の幾何学への応用、独立不羈の精神と徹底的な方法的懐疑によってスコラ哲学の権威や偏見を揺るがし、知的革命を準備したその功績を称えている[37]。

ベーコン、デカルトに次ぐ天才としてダランベールが称賛するのはニュートンとロックである。ニュートンは、自然学から曖昧な推論や仮説を一掃し、物理学を純粋に実験と数学に基づいた学問として確立し、微積分法、万有引力の法則を発見し、光学においてはプリズムによる太陽光線の分解に成功した。ロックは、スコラ哲学の抽象概念や煩瑣な用語を誤謬の原因として斥け、『人間悟性論』（一六八九年）において、形而上学を心の実験物理学として確立した。[38]

ダランベールは、哲学・科学の進歩に貢献した近代のその他の発見として、ガリレイによる天文学的発見と落体の法則、ハーヴェイによる血液循環説、ホイヘンスによる数学・物理学の業績、パスカルによるサイクロイドの求積問題の解決、流体の均衡と気体の圧力に関する考察（「パスカルの原理」）、マルブランシュによる感覚と想像力に対する批判、ボイルの実験物理学、ヴェサリウス（解剖学）やシデナム（医学）やブールハーフェ（生理学）の業績、ライプニッツとニュートンによる微分積分法の発明などを挙げている。[39]

さらにダランベールは、抽象的な観念を一般人が理解できるほど明快に説明し、哲学書・科学書に文芸の著作の装いと魅力をもたらした哲学・科学啓蒙書の成功例としてフォントネルとビュフォンの著作を挙げるとともに、仮説と推論ばかりに頼る体系的精神に致命的な打撃を与えたコンディヤックの功績を称えている。[40]

哲学と科学の進歩の歴史を彩った偉人たちの貢献を称えるダランベールの議論は、初代フォントネル以来、パリ王立科学アカデミーの歴代の終身書記が職務とした物故会員の追悼演説の伝統を彷彿させる。追悼演説とは、古代弁論術にルーツを持つ称賛演説の一ジャンルであった。後年、ダランベールは自ら科学アカデミー終身書記に着任し、実際に多くの科学者の物故会員の追悼演説を執筆することになる。ダランベールが哲学と科学の偉人たちに捧げるオマージュは、それぞれの時代の天才の業績という点を線で結んだある種の哲学史[illegible]としても読める。その狙いはもちろん、同時代の一八世紀を近代における学問の進歩の現状での到達点、「哲学の世紀」として読者に印象づけることにである。

一八世紀フランスの天才と学芸の擁護

ダランベールによれば、時代を支配する哲学的精神には、感情や趣味の領分である文芸にまで総合と分析の原理を持ち込み、演劇や会話の熱気や優れた作品を生み出す創造力を損なう負の側面もあったが、一八世紀にも後世に残る傑作や作家は存在する。ダランベールは、同時代を代表する天才としてヴォルテールの名を挙げ、叙事詩『アンリアード』、歴史書『ルイ一四世の世紀』、『シャルル一二世伝』などの彼の代表作を称賛している。ヴォルテールは、韻文の詩においては、マレルブ、マロら先人を霞ませ、古代ギリシア・ローマや近代国家のイタリア、スペインの天才と肩を並べるばかりか、散文においても類い稀な才能を発揮した、と指摘している。また、一八世紀が誇るもうひとりの偉大な作家として『法の精神』の著者モンテスキューを紹介するとともに、フランス芸術に進歩をもたらした功労者のひとりとして、和声理論の完成と根音バスの発見によって音楽の法則化と理論化に成功した作曲家ラモーの名を挙げている。

ダランベールは、学問や芸術を保護する学術団体が不平等な身分差別をなくし、才能ある個人を公平に評価することが学芸の進歩には欠かせないとしている。さらに、学芸が習俗を退廃させると唱えた「雄弁な作家・哲学者」〔ルソー〕の主張に対し、偽りの才気をもてはやす当世の悪趣味ですら野蛮状態よりはましなのであり、学芸がもたらす精神の涵養とその濫用とを混同してはならないと反論している。[41]

ルソーは、「学問と芸術の復興は習俗の純化に貢献したか」を問う一七四九年のディジョン・アカデミーの懸賞論文に、学芸を人類の道徳的腐敗の源とする主張で入賞し、翌年『学問芸術論』として出版していた。一躍「時の人」となったルソーの学芸批判は、当時の言論界で主流派を占めていた啓蒙主義に真っ向から逆らうものだった。ダランベールは、そのルソーの学芸批判にわざわざ言及し、清濁併せ呑む文明観によって学芸の効用を強調して「序論」を締め括っている。これは、『百科全書』の刊行計画の正否に啓蒙主義の命運がかかっていることを知り尽くした上での、実に戦略的な議論の運びと言えよう。

Ⅳ　『百科全書』を読む、世界を読む

ここまで、『百科全書』がどのように編纂・刊行され、どのような影響を同時代と後世の読者に与えたのか、従来の辞典類と比べて『百科全書』にはどのような特色があるのか、ディドロやダランベールの証言も交えながら紹介を試みた。だが、実際に項目の具体的な内容に触れてみない限り、どのような解説も絵に描いた餅に終わりかねない。とはいえ、テキストだけでも一七巻に及ぶ『百科全書』の膨大な数の項目を万遍なく紹介することは物理的に無理であり、一般読者を対象とした内容の紹介という趣旨に照らしても意味がない。そこで、この第Ⅳ章では、本シリーズの「世界を読み解く」というキーワード、コンセプトを踏まえ、「世界の学術的な解読」と「百科全書派の世界観の表明」という二面性を備えた『百科全書』という書物の特徴を伝えるサンプルとしていくつかの項目を選び、『百科全書』の世界観・人間観に触れてみたい。

1　項目「百科全書（ENCYCLOPÉDIE）」と世界解釈としての辞書編纂

ディドロが執筆したその名も項目「百科全書」によれば、百科全書〔百科事典〕という単語は、語源のギリシア語で「円環状の知識」を意味する。ディドロは、百科事典一般の編纂目的を、『百科全書』の使命と重ね合わせて次のように定義している。

実際に、百科事典の目的とは、過去の時代の業績が後に続く時代にとって無駄な業績であったことにならないように、また、現在より物知りになった私たちの子孫が、なおかつ現在より有徳で幸福になるように、そして、私たちが人類の名に充分値することなく死ぬことがないように、地上に散らばったさまざまな知識を収集し、その全体的な体系を私たちが共に生きる人々に説明し、私たちの後に続く人々に伝えることである。[1]

このように、百科事典、とりわけ『百科全書』の使命とは、地球上に散在する、古今のあらゆる分野の人間知識を収集・保存し、系統的な分類・説明を加えることである。だが、それは容易な作業ではない。ディドロが「趣意書」で人間知識を大海に覗く岩の先端に喩えていたように、自然界にくまなく存在する事物の物量は無尽蔵なのに、人間がしばしば偶然のきっかけで発見した知識は断片的で貧弱な上に、国家の興亡や語彙の変遷をはじめとする時間による風化に晒されているからだ。その意味では、『百科全書』の編纂事業は、物量と時間との二重の闘いであった。ディドロはその苦労を次のように述べている。

技芸や機械や手仕事の言語には、日々どれほど多くの変化が取り込まれていることだろう。技芸の描写に人生の一部を費やしているある男が、このうんざりする仕事に嫌気がさして、もっと愉快だが技芸ほど役に立たない用事にのめり込み、最初の仕事を書類鞄にしまいっぱなしにしたとする。二〇年もしないうちに男がまたそれを見つけた頃には、もはや〔……〕不正確な概念や時代遅れの手仕事や、不完全な、あるいは誰も顧みない機械類になり果てているだろう。〔……〕

学問や自由学芸においては機械的な技芸ほど変転が激しくなく、目につかないかもしれないが、それでも変転は起こる。前世紀の辞書を開くと、aberrationという項目に現代の天文学者がこの語彙に与えている意味は何も載っておらず、あれほど豊かな電気という現象についても何行かしか記されておらず、しかも誤った概念や古い偏見ばかりであろう。鉱石学や博物学でも、同じことが当てはまる語彙がどれほど多いことだろう。[2]

このように絶えず刷新され、新たな意味が加わったり意味範囲が変化したりする学問や技芸の語彙に加え、辞典などの著作を時代遅れにする最大の原因とは、人間精神や国民性が被るさまざまな変転や哲学がもたらす進歩である。ディドロによれば、哲学の目覚ましい進歩によって、権威やモデルとして崇められた古代人や先人の著作がやがて忘却に埋もれ、あるいは逆に、時代の先を行きすぎて同時代人に無視された先人が正当に評価されたかと思えば、後世まで間違いなく残る文芸のジャンルでさえ、まったく新しい形式を纏うような時代が近づいているという。[3]

ここには、ルネサンス以降に実現した人間理性と学芸の長足の進歩は時の流れに伴う避けがたい歴史的プロセスであり、ギリシア・ローマの古代人を無闇に崇め奉る時代は終わったという、百科全書派の啓蒙主義者に共通する近代的な歴史観・価値観が明確に打ち出されている。

しかし、ディドロによれば、学芸の起源や進歩の歴史を具体的に記述するのは容易な作業ではない。学芸の分野によっては、その起源や進歩の歴史が不明のものもあるからだ。そうした場合には、推論に基づく仮説的な歴史によって現実の歴史の欠落を補わざるをえない。それはとくに、学問に比べて伝統的に軽視されてきた技芸に言えることである。また、学者は著述の刊行や公開の論争などで自分の発見や名声を歴史に残せるのに対し、名声より経済的利益を重んじる職人は自分の発明を秘匿しがちであり、技芸の進歩は複数の世代にわたる場合が多いことも、技芸の起源と進歩の歴史をわかりがたくしている。[4]

国益と人類の進歩

ディドロによれば、技芸の知識の普及を妨げているのは、損得勘定でしか動かない職人の打算や技術を門外不出とする職人の秘密主義だけでなく、産業技術の流出による国益の損失を恐れて技術文献や工場の公開を制限する政府とそれに同調する一部の愛国的な「良き市民」でもある。人類全体の未来に無関心なこうした偏狭な精神の持ち主たちは、技芸の知識を独占して他国を無知蒙昧の状態につなぎ止めることこそが近隣諸国に対しフランスが優位に立つ秘訣であると豪語して憚らず、自分たちを棚に上げてエジプトの神官の秘匿主義を猛然と批判したりする始末だ。[5]

このようにディドロは、近代国家間のライバル競争を背景にフランスの経済的利益を守ることに汲々とする視野の狭い愛国主義が人類全体の繁栄と知的進歩を妨げており、そうした偏狭な愛国主義に囚われた一部市民が反動勢力として『百科全書』の刊行事業の足を引っ張っている現状を痛烈に皮肉っている。ここには、学芸や科学・産業技術の進歩が国家の枠を越えて波及し人類全体の繁栄と幸福が実現することを願う、啓蒙主義および百科全書派の普遍的な人間観、コスモポリタニズム的な世界観が見られる。技術の公開性は人類全体の利益と進歩に欠かせないというこのディドロの考え方は、『百科全書』が技芸を含めた学芸の歴史的進歩の成果を言葉で記述分類し、同時代や後世の人類に広め伝えるのを使命としていたことを改めて思い起こさせてくれる。

『百科全書』と田園風景のメタファー

項目「百科全書」でディドロは、『百科全書』のバラエティに富んだ内容を編纂者の文体で統一するのはそもそも無理であり、執筆協力者、専門分野、項目の内容・テーマによって異なる言語と文体があるのだから、執筆協力者ひとりひとりの文体をそのまま残すのが好ましいと述べている。ただし、百科事典に求められる文体とは、ありふれたことを優雅に論じ、特殊なことを明解に論じるという、二律背反の要請を満たしていなければならない。

そして、ディドロは学芸の百科事典を、偉大な風景にバラエティをもたらす山々や平野や岩や川や森や動物など、ありとあらゆるものに覆われた巨大な田園に喩えてみせる。それらのものは皆日光に照らされているが、光の当たり方はさまざまであり、前景に迫《せ》り出たり中景に分散しているものがあるかと思えば、遠景に霞んで見えるものもあり、そのすべてが互いに引き立て合っているのだという。[6]

このイメージ豊かな絵画的なメタファー（隠喩）は、ディドロ自身が後年執筆した美術批評『サロン評』の中でも傑作とされる『一七六七年のサロン』の有名な長文批評「ヴェルネの散歩」を彷彿させる。イメージ豊かなこの絵画的なメタファー（隠喩）は、百科事典、なかんずく『百科全書』の編纂者や執筆協力者の務めを、太陽に照らされた田園の多層的で繊細な変化に富んだ風景を絵の具で画布に再現・表現する画家の仕事に喩えている。それは、理性の光によって照らし出された自然の森羅万象を人間の視点から多彩に記述する『百科全書』のスケールの大きな哲学的企図そのものをも連想させる点で、二重の比喩となっている。世界を表象した書物としての『百科全書』の特徴と魅力をこれほどイメージ豊かに表現したメタファーはそうそうないだろう。

2　機械技術の図解――項目「靴下編み機（BAS）」（執筆者ディドロ）

先述のように『百科全書』は、チェンバーズ百科事典の仏訳として企画された。だが、書斎人のチェンバーズが職人の工房に実際に足を運ばずに執筆した技芸関連項目は、そのままフランス語に翻訳しようにも、あまりに内容が貧弱だった。そこで、ディドロは度々自ら工房に足を運んで優秀な職人から専門用語や作業工程を聞き出し、ほとんど一から書き直す作業を強いられた。長年の経験で体得した技術を言語化するのに不慣れな職人から用語や知識を引き出すのに苦労しながら、ディドロは、技芸の各分野の基礎的な語彙を定義し、素材・産地、製品の外観、道具の形状や機械の構造、工程の流れなどを言葉で説明した。また同時に、それらをビジュアル化した大量の図版を別巻で添える、現代の図鑑の走りともいえる図解の方式を考案した。こうした試みは、ビュフォンの『博物誌』（一七四九―八八年、全三六巻）で既に実現していたが、『百科全書』は、あらゆる学芸、中でも従来顧みられることが少なかった技芸に多くの図版をあてた点で画期的だった。

この図解を伴った説明の方式の模範的な例のひとつが項目「靴下（BAS）」である。一七世紀末から一八世紀前半のフランスにおいて靴下編み機は、手仕事に取って代わる近代的な機械技術の象徴、そして覇権を競い合っていた英仏両国の国益を左右しかねない重要な産業技術の発明だった。項目「靴下編み機」は機械編みによる靴下の製造法に関する技術的説明が大半を占めるので、詳細は省き、項目の構成を紹介するに留めよう。

ディドロは、項目冒頭で靴下の定義、素材（羊毛、革、布地、絹など）や製法（手編み、機械編み）の違いを示した上で、図版の参照を指示しながら靴下編み機の構造を記述している。ディドロによれば、どの部品が欠けても作動しない複雑なメカニズムを備えた靴下編み機が、高度に首尾一貫している点で推論に似ているとすれば、製品の靴下は、その結論のようなものだという。

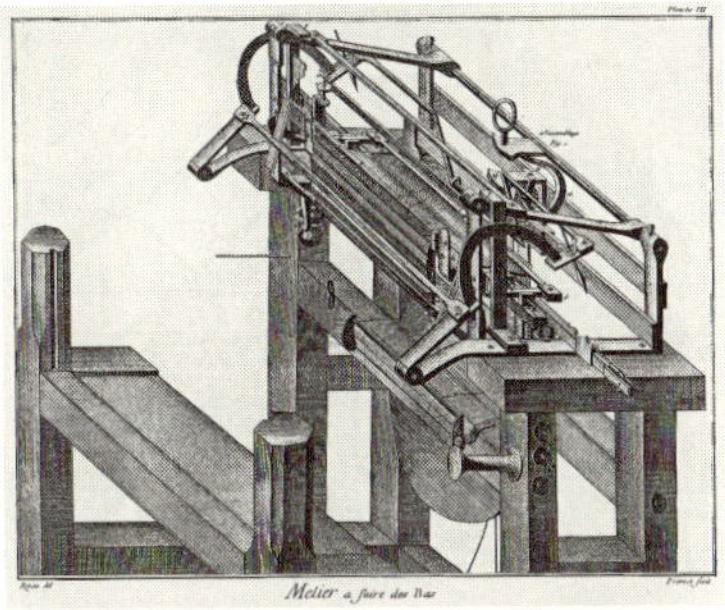

図15　項目「靴下」（靴下編み機）図版

しかし、二五〇〇個以上の部品からできた靴下編み機の構造や動作を言葉と図版でくまなく説明するのは無謀なので、物理学の啓蒙書『自然の景観』（一七三二年）の著者プリューシュ神父を含め、過去に靴下編み機の説明に挑んだ者はいなかった。そこでディドロは、機械の全体から複数の部品でできたユニット、さらにはユニットを構成する個々の部品へと解体する（全体から部分への）「分析」の作業と、ばらばらのユニットからもう一度機械を組み立てる（部分から全体への）「総合」の作業を組み合わせて機械のメカニズムを説明する方針を採用した。さらに、靴下編み機を木部の台と鉄製の織り機に分けて説明することにした。[7]

ディドロは図版の参照を指示しながら、まず木部の台を構成する部品に番号を振って、それぞれの部品を説明している。[8] 次に、鉄製の織り機を九つのユニットに分けて、ユニットごとに部品の名前や動作を説明した後、[9] 職人の機械操作によって糸から製品へと編み上がっていく靴下の製造工程を七つの工程に分けて辿っている。[10]

「物」を名付けることの難しさ

無数の部品からなる複雑な機械の構造を言葉で説明する試みは、「趣意書」でディドロが述懐しているように、部品という「物」の名前を職人から引き出し、彼らが名前を知らない部品については新たに命名するという、気が遠くなるような迂遠な作業を伴った。たとえば一般人が目にする機会も多い動物の身体の部位（頭、脚、胴、口、耳、尾など）や植物の部位（茎、幹、葉、花弁、果実など）といった自然界の事物、もしくは衣服や食器などの日用品であれば、誰でも思い浮かぶ「自然な」語彙が日常語、文語として古くから存在する。ところが、学芸の他の分野に比べて一段低い扱いを歴史的に受けて来た技芸の語彙は、先述のように文語をベースとする一八世紀までのフランス語の語彙には乏しかった。必然的に、職人ですら名前を知らない道具や部品については、既存の日常語彙を比喩的に転用するケースも多かった。

項目「靴下編み機」に詳述された部品名のリストを眺めてみると、「蝶番《ちょうつがい》」、「ねじ釘」といった、建材や大工道具として現代人にもおなじみの「専門用語」と並んで、（職人の腰掛けの）前後の「脚」、木部の台座の「頭」、鉄の「足」、「狼の口（凸型の受け金具）」、プレス用の「腕（アーム）」、バランス錘《おも》りの「茎（軸）」ないし「腕（アーム）」、パネルの「嘴」や「腹」や「尻尾」、プロペラの「胴（ボディー）」など、生物の身体部位から比喩的に借用した名称、さらには「大型部品」、「上部後方の棒」など、部品固有の名称とはとても言えない大雑把な説明が目に付く。このように、ひとつの機械を説明した文章の中にさまざまな由来を持つ語彙が混在しているところからも、当時のフランス語における技芸の語彙の不足ぶりと、ディドロらが引き受けざるをえなかった命名の苦労の一端が窺える。

現代社会に生きる私たちは、国語辞典、百科事典、動植物図鑑、雑誌や商品カタログ、電化製品の説明書やＤＩＹ家具の組立図、デパートやスーパーの値札といった、リスト化され、しばしば図解を施された物の名前に囲まれて暮らしているため、物に名前があるのが当たり前だと思い込んではいないだろうか。

『百科全書』の項目「靴下編み機」およびその図版のパーツリストは、生活の中で目にする「物」のひとつひとつに固有名をつけていく命名という作業が、どれほど大変な力業であるかを改めて私たちに教えてくれる。版画で再現された機械の分解図の周囲を埋め尽くす実に表現力豊かなさまざまな「物」の名前を眺めていると、言葉による「再創造」とも言うべき、物の命名への強固な意志をある種の感嘆とともに感じずにはいられない。

図解による技術の可視化と「物」の見方の変革

先述のように、従来の辞典に比べた『百科全書』の新機軸は、本文一七巻に対し一一巻にも及ぶ大量の図版を添えた点にあった。鍛冶道具、木工用具、紡織機、印刷機など技芸の道具・機械類をはじめ、メス、フラスコ、秤、顕微鏡、望遠鏡といった医学・物理学・化学など諸科学の器具類から人間、動物、鳥類など生物の身体部位や身体器官までを含むありとあらゆる「物」、それも当時の読者のほとんどが見たこともない珍しい「物」を言葉だけで描写するのがどれほど困難を極めたかは想像にかたくない。

図版の採用の直接のきっかけは、「趣意書」で自ら吐露しているように、技芸の道具類の名前や工程を職人からの聞き書きで言語化することの限界をディドロが痛感したことであった。だが、あらゆる学芸の項目にできる限り詳細な図版を添える方針を刊行計画に取り入れたことは、結果的にれっきとした商品でもある『百科全書』の最大のセールスポイントのひとつにもなった。その裏には、一七五九年に『百科全書』が本文第七巻をめぐるスキャンダルで二度目の刊行中断に追い込まれた際に、残りの第八巻から第一七巻までの本文を秘密裡に準備する傍ら、図版一一巻分の予約購読者を新たに募って販売し、刊行中断に伴う返金による経済的な損失を最小限に食い止めようとする書店側の思惑もあった。いずれにしても、ディドロら編集陣による学術上の要請と書店のビジネス・プランとが一致した結果、過去に類を見ない大量の図版による図解を本格的に採り入れた百科事典が誕生したのである。基本的にある言語の語彙や特定の分野の語彙を定義すればよい「辞典」とは違って、自然界や人間社会に無限に溢れる事物も定義しなければならない「事典」において、図解が読者の理解の大きな助けになることは言うまでもない。

ビュフォンの『博物誌』など博物学の著作や、チェンバーズ『サイクロペディア』などの先行辞典にも図版は存在した。また、パリ王立科学アカデミーは、『百科全書』の刊行以前から技芸を図解・詳述するプロジェクト『技芸と工芸の描写と完成』を開始しており、植物学者のレオミュールを編集の任に当たらせていたが、レオミュールが版画家に発注した図版の原版をディドロおよび『百科全書』の版元の連合書店が無断で再利用したとの剽窃騒動が起きたことも知られている[11]。要するに、諸学問や技芸を図解する試みそのものは、『百科全書』よりも前から存在した。とはいえ、本文テキストに分量で拮抗する図鑑レベルの大量の図版を体系的に採用した『百科全書』こそが、今日的な視点から見ても、やはり世界初の本格的な「百科事典」を名乗るにふさわしいと言えよう。

『百科全書』のこうした図版の特徴とメリットは、項目「靴下編み機」でも最大限に活かされている。図版の構成としては、一枚目の口絵の上半分にまず、編み機を用いた靴下製造の工房内部と編み機を操作する職人の姿が描かれ、機械とそれを動かす人間とのつながり、そして靴下編み機の全体像と靴下製造の動的なプロセスが版画で表現されている。手仕事の道具や機械の図版にそれらを用いて働く人間の姿や手の動きがしばしば描き込まれている点は、さまざまな用途に合わせて自然界の素材に人間が手を加える「自然の利用」を重視した『百科全書』の人間中心主義的な自然観・技術観を象徴している。そこには、鷲見洋一が指摘するように、雑然とした工房で働く血の通った職人たちの姿を解読する合理主義的な図案化の代償とも言うべきユートピア性も漂っている[12]。

「自然の利用」という発想は、自然に手を加えて人間の生活に役立てる知識としての「技術」の定義そのものに元々含まれる。だが私たちは、『百科全書』がフランシス・ベーコンから受け継いだ人間中心主義的な自然観が、近代以降の科学技術万能主義の歴史的淵源のひとつでもあることを、その功罪を含め、思い起こすべきだろう。「自然」や「技術」など、現代社会で日常語彙として用いられるために誰もが当たり前だと思い込んでいる「一般概念」の多くが、実はきわめて歴史的な由来を持つことを忘れてはならない。その意味で、『百科全書』の図版の特徴が集約された項目「靴下編み機」の図版・口絵は、「自然の利用」としてのあらゆる技術を生み出し操るのが人間であること、人間なき自然は荒涼とした虚無に他ならないことをあからさまなまでに表現したものとなっている。

一方、口絵に続く図版では、木部の台座とそれが支える鉄製の織機部分とが複数のアッセンブリー・ユニットに分解され、それぞれのユニットを構成する細かなパーツに番号が振られ、それぞれの名前が図の下にリスト化されている。こうした図解の方式は、たとえばプラモデルの設計図や自動車のパーツリストなどで現代人にもおなじみだが、それを二五〇年近くも前に実現した点にこそ、発見や発明に等しいディドロらの創意工夫を認めるべきだろう。図解という説明技法のいわば「発明」によって、『百科全書』は「物」の見方や見え方さえ変えたと言っても、決して大袈裟ではないだろう。

3　国民の常識を書き換えるディドロ——文法項目における語彙の再定義

先行辞典類の再利用

ディドロは、『百科全書』の編纂者として全巻の編集作業を統括するとともに、自らも学芸のあらゆる分野にわたる膨大な数の項目を執筆したが、その中にはフランス語の語彙を定義した文法・道徳項目も多く含まれている。これらの項目は、予備知識なしに読むと、同時代の何の変哲もない国語辞典のそれと代わり映えしないように見える。しかし、それと知って丁寧に読んでみると、革命前のフランス旧社会を支配していたさまざまな固定観念や偏見に対する鋭い哲学的な批判や諷刺がわさびのようにきいている。

先行辞典類を典拠としたディドロによる語彙記述の重要性に着目したマリ・レカ゠ツィオミスが、画期的研究『百科全書を書く』（一九九九年）で明らかにしたように、これらの項目を執筆するにあたり、ディドロはトレヴー辞典やガブリエル・ジラールの『フランス語類語辞典』といった先行辞典類を典拠として盛んに利用した。[13]このこと自体は何らおかしなことではない。現代の国語辞典や語学辞典の編纂においても、模範となる先行辞典類の定義や用例を参照し、それらをアレンジして採用するケースは稀ではない。国語や外国語の単語の意味は新語を除いて歴史的にほぼ定まっており、版を重ねて定評を確立した国内外の先行辞典もあるのに、ゼロから自力で定義し直すのは非効率的で、場合によっては徒労に終わりかねない。現代社会では辞書にも著作権があり、新たに刊行・改訂されるどの辞書も編集執筆陣の長年に及ぶ血のにじむような努力の結晶であることは疑いないが、優れた先行辞典の定義や用例を道標にするのは辞典編纂の定石なのである。

もっとも、著作権の概念そのものがまだ存在せず、辞書の語彙が文化的な共有財とも見なされていた時代に編纂された『百科全書』では、執筆ノルマをこなすためもあってか先行辞典類からまとまった文章をそのまま拝借しているケースも数多く見られる。ただし、そうした場合にもディドロは、単に機械的に引き写しをするのではなく、重要な概念になればなるほど自ら項目内に介入して宗教的不寛容や圧政によるフランス人の社会風俗の頽廃を憂えたり、イエズス会が編纂したトレヴー辞典の定義に見られる宗教的偏見に反論するなど、百科全書派のフィロゾフらしい論陣を張ってみせた。これもまた厳しい検閲を潜り抜けるための意図的な戦略によるのかもしれないが、国語の語彙を定義した地味な文法・道徳項目にさえ哲学的な社会批判を紛れ込ませる手法には、やはり、危険を承知で何か一言ものを申さなければ気が済まないディドロの強烈な個性と批判精神が感じられる。以下ではそうしたいくつかの実例に触れながら、ディドロがフランス語の語彙の再定義を通じて、いかに日常的な言語使用のレベルからフランス人の伝統的なものの考え方やものの見方を塗り替えようと試みたのか検証してみよう。

特権階級に対する諷刺——項目「謙虚な（HUMBLE）」

『アカデミー・フランセーズ語辞典』を典型とする当時の国語辞典は、単語の語義の定義に続いて慣用表現や大作家の例文を紹介し、その単語の文語としての「良き慣用」（正しい用法）を示すのが通例であった。しかし、『百科全書』においては、たとえ国語の語彙を定義した文法項目であっても、語義や用例にその語彙に関する哲学的・社会的考察が付されていることが珍しくない。たとえば項目「謙虚な」は、項目分類名が文法であるにもかかわらず、ディドロの思想的見解と哲学的批判が前面に出た、そうした項目の典型である。以下に項目本文を引用してみよう。

謙虚な、形容詞（文法）つましく従順で、自惚れや驕りがないこと。私は、とある神学者の机の上の紙に、謙譲とは貧しい美徳であり、偽善とは、擁護しようと思えば難しくなさそうな真理であると書いてあるのを読んだことがある。神の前では誰もが、神の無限の力と被造物の虚無とを比べて謙虚になる。〔……〕謙虚な、には低いという意味もある。国王の壮麗な宮殿は、ひとえに、つましいあばら屋に住む者の労働によって支えられていると言われる。不幸な者に過重な労働を課してその食料を減らしているおかげで、王侯貴族は刹那的な栄華を謳歌できるのである。[14]

筆者の調査によれば、項目冒頭の「つましく従順で、自惚れや驕りがないこと」という語義は、トレヴー辞典の諸版に見られる定義からの借用だが、それ以降の用例は、トレヴー辞典の諸版にもアカデミー辞典の初版にもジラールの類語辞典にも見当たらないので、ディドロ本人によるオリジナルの文章である可能性が高い。最初の用例で、「私」を名乗る語り手が、ある神学者の書斎の机に置かれた紙片を覗き読む状況設定は、ディドロの初期作品『哲学断想』（一七四六年）の断章二一で、語り手の「私」がさる有名教授の講義ノートを覗き読む場面に酷似している。

また、項目後半の文章では、壮麗な宮殿で君主が送る贅沢な生活がつましい小屋に暮らす民衆の労働に支えられており、王侯貴族の刹那的で豪奢な暮らしが、重税を課された農民など民衆の労働という犠牲によって成り立っていることを指摘している。これは、同じくディドロ自身による項目とされる無署名項目「享楽（JOUISSANCE）」を彷彿させる。同項目の冒頭には、「所有すれども楽しまずということがある。あの壮麗な宮殿は誰のものか。あの広大な庭園に木を植えたのは誰か。君主である。では、それらを楽しむのは誰か。私だ」という一文がある。両者には文脈の違いこそあれ、我が世の栄華を誇る君主としがない民衆・平民の暮らしぶりとを対比する発想に共通点が見られる。そして、王侯貴族の刹那的な栄華が、民衆に課された過酷な労働と飢餓によって支えられているという項目末尾の哲学的考察は、もはや語彙の文法的用例という辞書本来の機能的な役割を逸脱し、革命前のフランス旧社会における身分間の極端な貧富の差と、人民を犠牲にして安逸を貪る特権階級に向けられた痛烈な諷刺となっている。これらの点を含めると、この項目はディドロの「真筆」である可能性がきわめて高いと言える。エルマン版ディドロ全集にジャック・プルーストがディドロの執筆と推定しうる項目として採録しているのも、もっともである。

ディドロの唯物論的な自然観――項目「不完全な（IMPARFAIT）」

項目「不完全な」は、純然たる文法項目である。そのため、項目冒頭では「何かが欠けている」という形容詞としての定義と、何らかの欠点があったり完成しなかった作品は不完全である、といった用例に続き、音楽における不完全和音や不完全終止、算術における不完全数といった学術用語が紹介されている。だが、それに留まらず、項目執筆者のディドロは、植物学の領域における不完全植物の概念に対し、次のように反論を加えている。

> 植物学で不完全植物などと呼ぶのは、非常に不適切である。なぜなら、自然界には、畸形でさえ、不完全なものは何ひとつないからだ。自然界ではすべてが連鎖で結ばれているので、畸形も完全な動物に劣らず必然的な結果なのである。畸形の発生に関わった諸原因は、他の無数の原因に依

存しており、それらもまた、他の無数の原因に依存しているので、以下同様にして、事物の連関を無窮に遡ることになるからだ。不完全なものは人為にしか見られない。人為の産物には、それを比較できるモデルが自然界にあるからだ。我々〔人類〕には、自分たちがその調和も目的も知らない事物の全体を褒める資格も貶す資格もないのであり、全体が我々の諸能力と知識を超えているのであれば、善悪は無意味な言葉なのである。[15]

ディドロが『百科全書』の項目を編纂・執筆するにあたって随時参照したチェンバーズ百科事典やイエズス会のトレヴー辞典の同名の項目を見てみると、チェンバーズ百科事典では、独立した項目を割いて不完全植物を花や種を欠いた植物と定義し、植物学者レーによる不完全植物の分類を紹介している。一方、トレヴー辞典では、ハリス『技術事典』を出典として不完全植物の同様の定義を示すとともに、レーの著作の参照を指示している。[16]当時は辞書の相互引用が当たり前のように行なわれていたので、『百科全書』と先行事典類の影響関係の「起源」を特定することは困難を極め、またあまり意味をなさないが、チェンバーズ百科辞典とトレヴー辞典の同名の項目の植物に関する記述内容から判断すると、ディドロが『百科全書』の項目「不完全な」を執筆する際に、両辞典のいずれかで植物学における不完全植物の定義を参照した可能性はきわめて高いものと思われる。

これらの辞典に見られる不完全植物の定義は、神による天地創造で生まれた植物が本来持つはずの秩序正しく「完全」な身体構造からの逸脱を暗黙の前提としている。ディドロはその点を、神学的・形而上学的な先入見として批判しているのだ。自然界に不完全なものは何ひとつなく、生物学的発生の例外にあたる畸形でさえ自然の生成の必然的な結果なのだという哲学的議論は、ディドロの著書『盲人書簡』（一七四九年）で盲目の数学者ソンダーソンが臨終の床で述べる演説に仮託して表明されたあの唯物論的な自然観そのものであり、使われている語彙や表現まで似通っている。ディドロは、キリスト教の創造説に基づいた神学的な自然観が前提する「完全な自然」からの欠落状態を含意する「不完全性」の概念は、すべての要素が必然的な因果関係で結ばれた「大いなる全体」としての自然の性質にそぐわないと言いたいのだ。そして、この自らの哲学的信念を、「不完全な」という語彙の文法的な定義や用例に書き加えることで、当時の学者ですら拭い去りがたかった先入見から読者の目を覚まさせようとしたのである。

西欧社会の結婚制度に対する批判――項目「解消不可能な（INDISSOLUBLE）」

項目「解消不可能な」は、『百科全書』パリ版（初版）の二つ折り判・二段組の本文にしてわずか七行足らずの非常に短い文法項目だが、作家・思想家ディドロの根本思想のひとつが典型的に現れた項目として、研究者の間ではつとに知られている。以下に項目の全文を引用してみよう。

解消不可能な、形容詞（文法）解消、破棄できないもの。結婚は解消不可能な契約である。賢明な男性は、解消不可能な契約を思い浮かべただけでも震え上がる。解消不可能な絆を人間に用意した立法者たちは、人間の生来の移り気をほとんど知らなかったのだ。彼らはどれほど多くの犯罪者や不幸な人間を生み出したことだろう。[17]

ディドロの弟子にあたるジャック＝アンドレ・ネジョンが一八二一年に刊行したディドロ著作集に採録していることを根拠に『百科全書』研究の第一人者ジャック・プルーストとジョン・ラフがディドロによる執筆項目と認定している「有名項目」だけに、ディドロは項目本文を自ら書き下ろしたものだと思いたくなるところだ。ところが、ディドロが語彙記述にしばしば利用したトレヴー辞典の同名の項目をたとえば一七二一年版（第三巻、九六八頁）で参照してみると、「解消することも、解くことも、破棄することもできないもの〔……〕結婚は解消不可能な契約である。私は、解消不可能な契約を思い浮かべただけでも震え上がる。〔……〕」という定義と用例が見られるので、ディドロがトレヴーの定義と用例に若干の修正を加えて書き換えを行なっていることがわかる。

だが、項目の後半部分は、参照元と思われるトレヴー辞典の同名項目には見られないディドロ独自の哲学的考察となっている。そこでディドロが人間の「生来の移り気」にそぐわない「解消不可能な絆」を課す社会制度として批判しているものは、ローマ・カトリック教会の教義により、神の前で愛を誓い合った男女は一生離婚を許されなかった当時のフランスおよびヨーロッパ社会の結婚制度である。ディドロは、一七七〇年代に執筆したいわゆるコント三部作『これは物語ではない』、『世論の無定見について』、『ブーガンヴィル航海記補遺』においても、移ろいやすく自分の意志ではままならない恋愛感情の性質を無視して、愛のない男女を一生縛り付け、かえって不倫を蔓延させる一夫一婦制というものが、いかに世の男女を苦しめ不幸にする不寛容な制度であるかを、道徳的コントの形で読者に問いかけている。このように、『百科全書』の項目執筆者としてのディドロには、ただの文法項目であっても語義の定義や用例の紹介だけに終わらせず、必ずと言っていいほど何らかの哲学的省察や鋭い社会批判を行間や項目末尾に書き込む癖があった。

国語の語彙記述がもたらす発想の転換

先行辞典の定義や用例を部分的に踏襲しつつも、客観的な語義の定義の域を越えた哲学的見解を文法項目にすら書き込むディドロの行為は、先述のようにフィロゾフとして何かを述べずには気が済まないディドロ本人の気質、あるいは自分が項目を執筆したことを読者に悟ってもらいたいと願う自己顕示欲と無縁ではないかもしれない。しかし、編纂者ディドロ自らが執筆した『百科全書』の文法項目をこうして実際に読んでみると、ディドロによる書き換えや加筆が、先入見に基づく常識や因襲に凝り固まったものの考え方に異議を申し立てるとともに、人々の発想や世界観に制約を加えるフランス語の語彙そのものに揺さぶりをかけ、いわば脱構築しようとする哲学的野心と言語戦略にも発していたことがわかる。

当たり前といえば当たり前だが、人間がものを考えたり感覚を表現したり、互いにコミュニケーションを図れるのも言語という共通の道具が存在するおかげであり、言語を構成する無数の語彙は、人間の思考を細かく分節化して記号化した、いわば発想の最小単位とも言える。フランス語、日本語などそれぞれの国語においても語彙というものは、社会の歴史的な変化の中で人々が経験と工夫によって獲得・蓄積したボキャブラリーの集団的記憶として、いつの時代も一国民の発想の可能性とその限界とを定めている。バイリンガルなど複数言語習得者の一部からは異論はあるかもしれないが、一般に自国の国語の語彙で表現できないことを思いつくのは著しく困難である。また、言語とは異なる表現手段を持つ音楽や絵画などは例外として、感覚的にどれほどすばらしいアイディアを思いついても、それを国語で明瞭に表現できなければ他人、ましてや社会にはなかなか伝わらない。このことを考え合わせると、文法項目を中心とする『百科全書』の語彙記述（レキシコグラフィー）がフランス語の語彙の拡大と近代化、そして国民およびフランス語使用者の世界観の転換に果たした役割は、学芸分野の専門項目が伝統的な学問体系の組み替えに果たした役割に劣らず大きいものだったと言えるだろう。

4　百科全書派の人間観と啓蒙主義的な文明・社会批判

『百科全書』の大見出しの項目の重要性

『百科全書』の項目は、大見出しに当たる項目と、それに従属する小見出しに当たる複数の項目とから二段階で構成されている場合が多く、一般的には、さまざまな学芸の分野で用いられる用語・術語に共通する名詞など単語がまず大見出しの項目で定義され、その名詞などを含む、個別の学芸分野の用語・術語が小見出しの項目で定義される仕組みになっている。そして、小見出しの項目の内容が専門的かつ具体的であるのに比べ、大見出しの項目はより一般性や概念的・理論的内容を求められるケースが多い。これは、あらゆる人間知識を概念の類縁関係に従って一般から個別へと系統的に分類する『百科全書』の編纂方針によるものだが、分野もばらばらな複数の小見出しの項目に共通する重要な概念を大見出しの項目であらかじめ紹介することで読者が道に迷うのを防ぐ実用上の役割も兼ねている。

しかし、矛盾するようだが、内容が一般的・総論的になればなるほど深い学識と広い視野が求められる。そこで、専門分野の分類項目名が付いた大見出しの項目については、数学や数理物理学の分野におけるダランベールのように、当該分野の全体を俯瞰的に把握して評価する学問的力量と実績を持つ専門家が執筆するケースが自ずと多くなるが、編纂者のディドロも文法、技芸、哲学などの項目を中心に大見出しの項目を数多く執筆している。

こうした理由から、『百科全書』の大見出しの項目には、複数の学芸分野の用語に共通する語彙の定義や各学芸分野の理論にあたる部分がしばしば見られる。この点は『百科全書』が他の辞典類と一線を画する大きな特徴であるとともに、百科全書派の哲学的・思想的見解を知る材料としても非常に貴重である。なかでも、ディドロの場合、四〇年近くに及ぶ作家生活のうち約二〇年を『百科全書』の編纂と執筆に費やしたので、個人著作の内容とも重複や呼応を見せる自筆の項目群（とくに大見出し）は、彼の哲学的見解の全貌を把握するという、ディドロ研究者なら誰もが夢見る難解なパズルを埋める重要なピースの役割も果たしている。

早速その一例として、項目「人間」を見てみよう。人間の「概念」は、神と信仰を中心とするキリスト教的な世界観から人間を中心とした合理的な世界観への転換が大規模に進行した啓蒙期における哲学や学問体系の再編成のキーワードのひとつとなった。これがディドロによっていかに定義されているかを検証することとしたい。項目「人間」は、人間一般を定義した大見出しの項目と、各学問分野の視点から人間を記述した複数の小見出しの項目とからなるが、ここでは編纂者のディドロが執筆した大見出しの項目「人間」および小見出しの項目「人間（博物学）」、「人間（政治学）」に注目してみよう。

世界と学芸の中心としての人間――項目「人間（分類項目名なし）」（執筆者ディドロ）

ディドロによれば、人間とは、「地球上を自由に移動し、自分が支配する他のすべての動物の頂点に立つかに見え、社会の中で暮らし、学芸を発明し、独特の善良さと悪辣さを有し、主人を戴いたり法を生み出したりした、感覚、反省、思考の能力を持つ存在」[18]である。

現代的な視点から見れば、高度な知性によって他の動物を支配し、知識や政治制度や法を発明することで社会を形成・発展させてきた人間を自然界の諸存在の頂点に置くこの人間の定義には、あからさまな人間中心主義が認められる。しかし、それは、神からも自然からも自立した人間存在を強調し、神と信仰に基づく伝統的な世界観から、人間とその諸能力のみを原理とする近代的な世界観への転換を図ろうとした啓蒙主義的な人間観の表れとして理解すべきだろう。

この一般的定義に続いて、人間を扱う学問の諸分野が代表的な項目への参照指示とともに紹介されている。まずは、キリスト教の教義に従って、人間が霊魂と身体という二つの実体からできていることが説明され、前者を扱う項目として、項目「霊魂」の参照が指示されている[19]。

次いで、身体を扱う代表的な諸学問としては、人間の物質的要素を研究する解剖学（項目「人間（解剖学）」）、人間の誕生から死までを扱う博物学（項目「人間（博物学）」）、個々の人間を善悪の性質を備え、有益・有害な行為を働きうる知的存在として見る道徳学（項目「道徳的人間」）、社会状態で

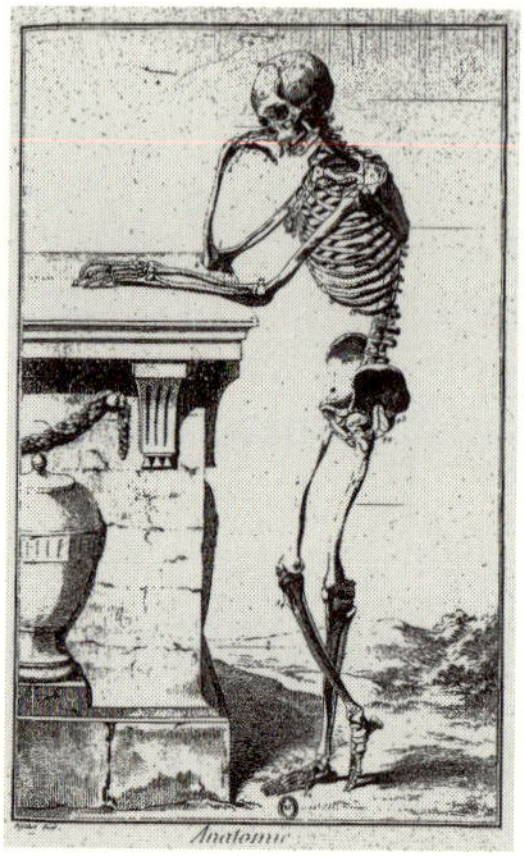

図16　項目「解剖学」図版（第18巻）骸骨が肘をついてものを考える姿は、死すべき存在としての人間を想起させ、何ともグロテスクかつ皮肉である。

生きる人間を律する権力の源となる一般的原理を論じる政治学（項目「政治的人間」）が紹介されている。そしてディドロは、人間はその好奇心と労働と欲求によって自然のすべてと結びついており、『百科全書』を読めば、人間が自分を取り巻くさまざまな存在を認識・利用しようと熱心に励んでいることがわかるだろうと述べて、項目を締め括っている。

本項目での人間に関する諸学問の紹介において、キリスト教では人間の身体に宿る不死の存在とされる霊魂の説明が申し訳程度なのに対し、人間の身体構造や動物種としての生態、人間の道徳的性質や人間社会の政治原理など、身体的・社会的な視点から人間を論じた項目への参照指示が大半を占めていることは注目に値する。編纂者でもあるディドロ自身による結びの言葉は、『百科全書』という書物の大きな狙いが、どこまでも人間を中心に、人間の社会的・文化的な営みとの関わりという視点から自然界のあらゆるものを記述する点にあることを、何よりも雄弁に物語っている。

文明人の歪んだ身体——項目「人間（博物学）」（執筆者ディドロ）

続く小見出しの項目「人間（博物学）」の末尾には、解剖学者ドーバントンの協力の下にビュフォンが執筆した『博物誌』の内容を要約したとの断り書きが見られる。ディドロは実際に、人間の誕生のプロセスと幼児の解剖学的特徴、幼年期に一部の国で行なわれる割礼や去勢などの風習、思春期から結婚適齢期にかけての人間の成長と生殖機能の発達、他の動物と比べた人間の身体的特徴、男女の体型の違い、人間の老化と寿命などに関する説明を、主として一七四九年に刊行された『博物誌』の最初の三巻のうち、第二巻、第三巻に収められた「人間の博物誌」から引用している。だが、引用箇所を原典と比較検討してみると、ディドロが、ただ『博物誌』を抜粋の形で引用するのでなく、ビュフォンからの引用の行間に、人間に関する独自の文明論的な考察を書き加えていることがわかる。たとえば、ディドロは、身体機能との関わりから見た肢体の美しさが、自然状態の人間と社会状態の人間とでは異なる点を、以下のように指摘している。

> 自然状態では異論の余地なく、あらゆる生体機能を最も易々と果たせる人間が一番見栄えがよいことになるだろう。また逆に一番見栄えがよければ、いとも易々とあらゆる生体機能を果たせるだろう。だが、社会状態ではそうは行かない。ひとつひとつの技術や手作業や動作に適した四肢の特異な素質が求められるからだ。自然から授かることもあれば習慣によって獲得されることもあるそれらの素質は、どれほど整って美しい身体のプロポーションでも犠牲にせずにはおかない。たとえ踊り手であろうとも、爪先で全体重を支えることを強いられるうちに、踊り手ではなく見栄えのよい人間を表現しようとしか思わない彫像作家の目には爪先が歪んで見えるものだ。項目「プロポーション」を参照せよ。

ある行為が行なわれる状況との関連で考察された静止中もしくは動作中の身体の部位同士の関

係そのものである優美さも、しばしば習慣によってしか身につかないのでプロポーションの乱れを必然的に招く。項目「優美さ」を参照せよ。[20]

ディドロによれば、以上の理由から、芸術家が社会状態の人間を表現しようとしたら、たとえば荷担ぎ人夫なら垂れた尻、広い肩幅、猫背など独特の体つきがあるように、職業身分によって異なる身体の特徴に合わせて自然人の全身のプロポーションを歪めなければならない。[21]

また、人体にいろいろと変形を加える理解しがたい風習が世界には存在するが、西欧人も、鼻の穴に埃を詰める習慣（嗅ぎ煙草を吸う習慣）や窮屈な衣服や退廃した生活習慣のせいで、いつ体が変形したり病気にかかったりしても不思議ではない。こう述べたディドロは、「ああ、あなた方は五〇歳になるまで働いて裕福で、なおかつ健康と体力があるのに、なぜすぐに休息を取らないのだ。いつまで明日こそ、明日こそと言っているつもりなのだ[22]」と慨嘆してみせる。

項目「人間（博物学）」におけるこうした一連の文明批判は、作家・思想家ディドロの個人的な持論でもある。たとえば、人間の自然な身体美は、文明社会の人為的な動作や不自然な生活習慣によって絶えず歪められるが、こと芸術においては、職業身分ごとに異なる身体のプロポーションの特徴をよく観察することこそがリアリズムの秘訣だとの考えは、サロン評の絵画評論の一環として執筆された『絵画論』（一七六六年）にも見られるディドロの美学に特有の議論だ。

身体を歪める世界のさまざまな風習を「悪癖」、それによって人間が被る身体の変形を「畸形」と呼ぶディドロの考察は、当時の「文明社会」に属するフランス国民として「野生社会」の風習を「未開」で「野蛮」なものとして見下す差別的な眼差しと無縁ではない。しかし一方で、当時ヨーロッパで嗜好品として嗜まれた嗅ぎ煙草を吸う習慣を、「鼻の穴に埃を詰める習慣」とユーモラスに揶揄し、不自然な洋服や退廃した風俗がもたらす（梅毒など性病を筆頭とした）病が西洋人の身体にもたらす変形や害悪を批判しているあたりに、文明と未開の二項対立を相対化するディドロらしいバランス感覚が見られる。そして、項目末尾では、金銭に縛られていつまでも労働に明け暮れて休息を先延ばしにする文明社会の国民の生き方を、自然な暮らしからかけ離れたものとして嘆いている。この文章は、まさにディドロが小説『ブーガンヴィル航海記補遺』（一七七二年）でタヒチの老人に語らせる「別れの言葉」に通じる根本的な西欧文明批判としての射程を備えている。

国家の富の源としての人間と土地――項目「人間（政治学）」（執筆者ディドロ）

続く小見出しの項目「人間」（政治学）でディドロは、統治、産業、人口、国民経済などとの関わりから見た人間のあり方について、主として国民の福祉という観点から論じている。ディドロによれば、「真の富は人間と土地しかない。土地なくして人間には一文の値打ちもなく、人間なくして土地には一文の値打ちもない」[23]。土地と農業人口こそが国家の富の源泉であるというこの考え方は、『経済表』（一七五八年）の著者にして自らも『百科全書』に項目「小作農」、項目「穀物」などの農業項目を寄稿した重農主義者ケネーらの理論に通ずる。

ディドロは次に、人口の多寡を一国の国力の指標としている。それによれば、人間は数が多いことに価値がある。ある社会の人口が多ければ多いほど、平和時には強大で、戦争時には脅威となる。だから、一国の君主たる者は、国民を増やすことに真剣に取り組むだろう。国民が多くなればなるほど、君主にはそれだけ多くの商人、職人、兵士がいることになるからだ。君主が支配する国民の中に、子供を作るのを恐れたり、心置きなくこの世を去る者がひとりでも出るようなら、君主が治めるさまざまな身分・職業の国民は嘆かわしい状況に置かれていることになる。

しかも、国民は勤勉かつ頑健でなければならない。そのためには、公衆道徳や生活のゆとりや経済活動の自由が欠かせない。もし商業の自由がないがために、ある地方では豊穣が飢饉よりも恐ろしい災厄になるようなことがあるとしたら、統治はおよそ最悪の状態にある。このようにディドロは述べ、項目「統治」、「法」、「租税」、「人口」、「自由」の参照を指示している。

商品（穀物）の自由な取引が政府の統制によって妨げられると国民への食糧供給が滞り、飢饉などの潜在的な原因になるという趣旨の最後の主張も、やはり、項目「穀物」で穀物の流通の自由化を訴えたケネー、さらにはテュルゴーら重農主義者たちの自由主義的な主張と重なる。

さらにディドロは、特権階級・富裕層の贅沢消費が労働人口の分布に偏りを生んでいる王国フランスの現状を念頭において、農民の待遇を改善し農業人口を増やすことが国家の繁栄に欠かせないことを、次のように訴えている。

> 贅沢産業の職人や奉公人を減らさなければならない。贅沢産業に人間を雇用しても充分利益が出ないケースはいくらもあるが、奉公に人間を雇用して損失にならないケースはひとつもないからだ。農民の税金を軽減し、奉公人に課税すべきだろう。

最も疲労を伴う職種の人間である農民の栄養状態が一番悪かったら、彼らは自分の職業に嫌気がさすか命を落とすしかない。生活のゆとりがあれば農民もそこから抜け出せるだろうなどというのは、無知でなければ酷薄な人間の言い草である。

人がある身分に属したいと熱望するのは、快適な生活を送れる希望を抱くからに他ならない。

人間の雇用が正当なのは、利益が給与の費用を上回る場合だけである。国家の富とは、国民の労働の総体の生産高が給与の費用を超えた分を指す。

総収入が多く、平等に分配されていればいるほど、統治はうまくいっている。

総収入が平等に分配されている方が、総収入がそれ以上に多くとも、分配が非常に不平等なために国民が二つの階級に分裂し、一方の階級に富が溢れているのに、もう一方の階級が貧窮の中で息絶えるような状況よりましなことがある。

国家に未開墾地がある限り、人間を手工業に雇用すると損失にしかならない。

こうした明解かつ単純な原理に、実行するのに必要な勇気と熱意さえあれば君主自ら発見できるに違いない、その他の多くの原理を付け足すこともできよう。[24]

以上のようにディドロは、国民としての人間を定義した政治項目の中で、特権階級や大ブルジョワの贅沢な生活を支える手工業の職人や奉公人といった高給の職種ばかりに労働人口が偏り、一握りの富裕層が富を独占する一方、真に生産的な職業身分である農民が低収入と重税に喘ぐ王国フランスの社会的不平等と産業構造の歪みを告発している。

図17　項目「農業」図版（第18巻）すきなどの農機具を用いて畝《うね》を掘り、種を蒔く農民。アンシャン・レジームの人口の大半を占める農民の多くは小作農で、領主や教会に収める貢租（租税）の負担に苦しんでいた。

『百科全書』の項目「人間」のうち、ディドロが執筆した大見出しの項目「人間」および小見出しの項目「人間（博物学）」、「人間（政治学）」を順番に見てきた。いずれの項目においても、ディドロは、ビュフォンの『博物誌』やケネーらの重農主義理論をはじめとする各分野の最新の学問的知見を援用しつつ、さまざまな視点に基づく人間の概念を客観的に定義しようとしているかに見える。むろん、辞書である以上、それはある意味で当然だ。しかし、項目を最後まで読んだ読者は、ディドロの本当の狙いが、聖俗の既成権力が生み出したキリスト教的人間観から身分制社会、重商主義政策に至る、フランス旧社会の伝統的・支配的な人間観や世界観を批判し、文明社会の進歩の犠牲となった人間らしさの回復や、貧困に喘ぐ人民への富の再分配による社会の変革の必要などを訴える点にあったことに気づくはずだ。

5　アンシャン・レジーム批判と人権思想

百科全書派のフィロゾフらは『百科全書』のさまざまな項目で、アンシャン・レジーム（旧体制）の王制国家フランスの不平等な身分制度と身分間の極端な貧富の差、不寛容な教会制度や司法制度や検閲制度などを批判するとともに、民主的な政治経済改革や司法改革の方途を理論的に提言したり、思想信条や出版言論の自由を擁護したりした。

ここではそのごく一端を紹介することしかできないが、まずは、身分間の貧富の差が著しかった王制国家フランスの身分制社会の矛盾を象徴する項目「租税」を紹介しよう。当時、貴族と聖職者からなる特権階級は租税負担を免除される一方、人口の九割以上を占める平民だけが重税を課せられていた。次に、一八世紀フランスの光と影を象徴する項目「奴隷制度」を見てみよう。この時代、きらびやかなロココ文化やサロン文化、開明的で進歩的な啓蒙思想が花開き、富裕層が贅沢な消費生活を謳歌する裏で、フランス本国の文化的・経済的繁栄を支えるためにサン＝ドマング（現在のハイチ）など海外植民地では、奴隷を酷使して砂糖やコーヒーなどの生産が行なわれていたことを想起したい。

過重な租税負担と中間搾取に対する批判——項目「租税」（執筆者ジョクール）

『百科全書』の項目の中には、たとえば「人間」、「動物」、「社会」のような一般概念の他に、国家や社会などを成立させているさまざまな制度を個別具体的に定義・記述した項目も多い。そうした項目の内容が絶対王政下のフランス社会の現状に関わる場合には、一握りの特権階級が豪勢な暮らしを送る裏で、人口の大半を占める人民が重税負担に苦しみ、食うや食わずの赤貧に喘ぐ身分制社会の不平等に対し、項目執筆者が百科全書派らしく舌鋒鋭い政治的批判を向けるケースも珍しくない。

そうした項目の典型とも言えるのが、ディドロによる項目「人間（政治学）」の小見出しとなる項目で参照指示されている「租税」（執筆者シュヴァリエ・ド・ジョクール）である。項目「租税」でジョクールは、一般論の形をとりながら、臣民に過重な貢租の負担を強いる絶対王政下のフランスの租税制度を、非人間的な制度として告発している。ジョクールによれば、君主の栄光とは、正当かつ不可欠な課税しか求めないことにあり、臣民の幸福は、そうした租税しか収めないで済むことにある。租税を徴収する君主の権利は、国家の諸々の必要に基づいていなければならず、君主はこうした必要に応じてのみ租税を要求し、必要が満たされたら一旦課税を免除すべきである。税収を国王自身の私的な目的に流用したり、公益に少しも資するところのない人物たちに大盤振る舞いするようなことがあってはならない。国家における租税の役目とは、船の帆のように船を操って守り、港へ運ぶことであり、重荷となって船をいつまでも海につなぎ止め、ついには沈没させることではないのだ[25]。

一八世紀の前半から半ばにかけてのルイ一五世の治世下のフランスでは、ルイ一四世の領土拡大政策に基づく数々の戦争に続くオーストリア継承戦争（一七四〇―四八年）、七年戦争（一七五六―六三年）の膨大な戦費や王室の贅沢消費を賄うための支出によって、国家財政が慢性的赤字を抱えていた。ジョクールは、こうした国家財政の危機にもかかわらず、特権階級（聖職者・貴族）が納税を免除され、平民、中でも農民が重税の負担に苦しむ理不尽な租税制度を、国家という船を沈没させかねない重荷に喩えるとともに、臨機応変な租税負担の軽減や税収のより公正な使用を目的とした税制改革の必要を暗に訴えているのだ。

続いてジョクールはこう述べる。租税は国家の不可欠な必要を満たすために設けられるべきであり、すべての臣民が自分自身の富の一部を差し出すのだから、租税は手数料なしで支払われ、即座に国庫に収められるべきだ。だから、君主は租税の徴収のために雇われた人物たちの行動を監視して、彼らが常日頃から搾取を行なうのを阻止し、処罰しなければならない。ネロはその全盛期に非常に賢明な勅令を発布した。ローマおよび地方の司法官が、公の租税の徴税請負人に対する苦情をいつでも受け付け、彼らを即座に裁判にかけるよう命じたのである。トラヤヌス帝は、疑わしき場合には、徴収請負人に不利となる判決を下すことを望んだ。[26]

ここでジョクールは、王権が塩税をはじめとした間接税の徴収を、官職売買で徴税業務を買い取った金融業者らに委託する総括徴税請負制（一七二六年に成立）の存在を強く批判している。[27] 巨万の富にあかせて愛人を囲い、豪邸に食客を侍らせて宴を繰り広げ、贅沢三昧な暮らしを送る総括徴税請負人の姿は、貧富の差が激しい一八世紀フランス社会の特権的な富裕層の象徴として、プレヴォーの小説『マノン・レスコー』やディドロの小説『ラモーの甥』でもおなじみだが、過酷な税の取り立てを行ない、法外な手数料を搾取して私腹を肥やす彼らは、納税者である人民の怨嗟の的になっていたのだ。

百科全書派による奴隷制批判――項目「奴隷制度」（執筆者ジョクール）

『百科全書』の分類項目名で「自然法・宗教・道徳」に属する項目「奴隷制」（第五巻）は、シュヴァリエ・ド・ジョクールによって執筆された。ジョクールによれば、奴隷制とは、他人の生命と財産と自由を思うがままにできる力づくの権利が制度化されたものを指す。

モンテスキュー『法の精神』を典拠とするジョクールの議論によれば、あらゆる人間は生まれながらにして自由だったが、ある段階でこの自然的平等が崩れ、最初は自由な意志に基づく取り決めによって隷属が生まれた。人口の増加に伴い、生活上の安楽や余剰の財産が追求されるようになると、裕福な者たちは貧しい者たちに給料を払って仕事を代行してもらうようになった。この段階の奴隷は、自由な同意による契約に基づく点で、従僕のようなものだった。

しかし、武器を手に領土の拡大を目指して戦争をするようになると、捕虜に生命と身体の自由を保証する代わりに奴隷として働かせることが慣習化した。捕虜から奴隷になった者たちを虐待することは敵対感情からも当然とされたので、やがて奴隷の子供や人身売買で奴隷になった者たちまで虐待されるようになると奴隷状態は常態化し、幸運な勝利者たちは自由人と呼ばれ、悲運な敗北者は奴隷と呼ばれるようになった。

奴隷制は、人類にとって不名誉なことに、世界中のほとんどすべての国民に受け入れられた。実際に、聖史も、俗史、すなわちギリシア人、ローマ人など文明化された諸国民の歴史も、この古代に働かれた不正義の記念碑である。[28]

ここに描き出されているのは、『百科全書』および一八世紀の啓蒙思想に特有の哲学的歴史、仮説的歴史としての奴隷制の歴史である。『人間不平等起源論』で人間の歴史とともに古くから存在する社会的不平等の起源を論じたルソーが歴史資料に基づく論証を断念し、哲学的歴史によって不平等の起源に迫ったように、モンテスキューもまた、資料による実証が難しい人間同士の隷属関係の起源という問題に哲学的推論で取り組んだのだ。それは、言うなれば、モンテスキュー流の「奴隷制起源論」である。

続いてジョクールは、古代以来の奴隷制の現実の歴史へと話を進める。それによれば、古代ギリシアのスパルタでは奴隷に野蛮な虐待を加えたが、アテナイの共和国では奴隷はより人間的に扱われた。

アテナイのような温和な政体で人数が多すぎる奴隷の反乱を防止するには、彼らを人間的に扱う他なかったからだ。一方、清廉な生活習慣が保たれていた共和政のローマでは、奴隷は主人の仲間や家族のように大切にされ、中には奴隷の身分から解放されて市民になる者もいた[29]。ローマ人が征服欲から領土を拡大した帝政期には、主人が殺害されるとその奴隷も死刑に処される残酷な法律が制定されたが、こうした野蛮な扱いは奴隷の反乱を招くことでローマ帝国の根幹を揺るがした。一方、素朴で勤勉な気質のゲルマン人やその後裔のフランク族は、奴隷に土地を与えて耕作などの労働に勤《いそ》しませ、穀物や家畜を納付する義務しか課さなかった[30]。

主従関係が軍事共同体の性質を帯びた中世フランスの封建社会では領主権力が圧政化し、一二世紀には厳しい賦役や貢租に堪えかねた農奴の反乱も起きた。しかし、キリスト教の浸透とともに人間らしい感情が広く行き渡ると、王権が封建諸侯の圧政から人民を解放することで自らの権力の安定を図ったこともあり、一二世紀から一四世紀にかけて、歴代国王によって農奴解放が行なわれた[31]。

以上の奴隷制の現実の歴史に続いてジョクールは、奴隷制を人間の生来の自由を踏みにじるものとするモンテスキューの奴隷制批判を紹介している。それによれば、一五世紀頃にはヨーロッパの大半で奴隷制は廃止された。それにもかかわらず、奴隷制を温存した方が得だと判断したキリスト教国家の権力によって、全人類を平等と定めた自然法とキリスト教の原理に反して奴隷の売買が許可されるようになったのだが、奴隷制は人間の自由にも自然権にも市民法にも反している。

人間の自然的自由とは、地上のいかなる支配権も知らず、いかなる立法権にも服さず、自然の法のみに従うことである。社会における自由とは、ただひとりの人間だけの気まぐれや移り気で不確実で恣意的な意志ではなく、共同体の同意によって樹立された立法権に服することである。〔……〕奴隷制を樹立するような法律は、いかなる場合にも決して奴隷のためにはならず、奴隷の利益に反したものとなろう。〔……〕

何人たりとも、人に対して厳密な意味での所有権は持ちえない上に、自分の生命を支配する権限を持たない人間が、自分自身の同意にもいかなる取り決めにもよらずに、自分自身が持たない権利を他人に与えられるなどという考えは、理性に反している。だから、自由な人間が自分を売り渡せるというのは本当ではないのだ。[32]

ジョクールによれば、アステカ帝国やインカ帝国を滅ぼしたコルテスやピサロら一六世紀のコンキスタドールたちを皮切りに、キリスト教の宣教を錦の御旗に中南米を征服し、インディオや黒人の奴隷を労働力として酷使したスペイン人の植民地支配は、人間の自然に反した所業であった。ジョクールは、『法の精神』におけるモンテスキューの議論を援用しながら、専制国家に奴隷制度がつきものである理由は暑い風土に起因する国民の怠惰などによって説明できるが、それでも奴隷制は人間の自然に反しており、暴力によってしか維持されえない、と力強く言い切っている。

バルバロイは生来の奴隷で（彼らはこういう言い方をした）、ギリシア人は自由人なのだから、バルバロイがギリシア人の言うことを聞くのは正しいと思い込んだのは、古代のギリシア人の傲慢な思い上がりだったのだ。この考え方に立つと、我々と習俗や慣習が異なるあらゆる国民を簡単にバルバロイ扱いし、(他に何も口実がなくても) 相手を攻撃して我々の法に服させられることになってしまう。人間性を捨てさせるものは、傲慢と無知が生む偏見しかない。

だから、キリスト教が、それを唱える者がより布教に励みやすいように、キリスト教を唱えない者を隷属させる権利を与えてくれると思うのは、万民法と自然に反している。ところが、アメリカの破壊者たちの犯罪行為を助長したのは、このような考え方だったのだ。〔……〕

だが、奴隷制が物事の性質に由来する事例や場所はないのだろうか。この問いには、まずは、そんなものはないと答えよう。次に、ド・モンテスキュー氏とともに、奴隷制が自然的理由に基づいているように見える国々があるとしたら、それは暑さで身体が無気力になり勇気が著しく衰弱するので、人間が懲罰の恐れからしか辛い義務を果たそうとしない国々だと答えよう。〔……〕

誰もが政治的な奴隷制の下に置かれた専制国家では、民間の奴隷制はどこの国よりも耐えやすい。そこでは誰もが生活の糧と生命があることに相当満足しているので、奴隷の身分が臣下の身分より負担になることはほとんどない。この二つの身分は紙一重なのだ。こうした国々では奴隷制がいわば自然的な理由に基づいているとはいえ、やはり奴隷制が自然に反していることに変わりはない。〔……〕これら数々の考察の出典は『法の精神』である。

強制と暴力と、一部の風土では過剰な隷属に基づく奴隷制は、同じ原理によってしか世界中で永続できないと結論づけよう。[33]

項目「奴隷制度」には、当時のフランスをはじめとするヨーロッパの近代国家の植民地で奴隷が労働力として酷使されていたという歴史的事実への具体的な言及はなく、同時代の奴隷制度に対する人道的な批判も、主として熱帯の風土に起因する専制国家特有の悪しき風習であるという一般論のレベルに留まっている。だが、百科全書派のフィロゾフでもあるモンテスキューやジョクールともあろう人物が、同時代のフランスの植民地で奴隷が労働力として酷使されている社会的現実に関して無自覚、無頓着であったはずがない。彼らの批判は、やはり王国フランスが奴隷制度の上に商業の繁栄を築いて来た負の歴史にも向けられていると考えるべきだろう。

奴隷制廃止に項目「奴隷制度」は貢献したのか

一七世紀から一八世紀にかけて、カリブ海域のフランス植民地サン＝ドマングでは、奴隷貿易でアフリカから送り込まれた黒人が、白人の入植者によって砂糖プランテーションの奴隷労働で酷使されていた。一七八九年にフランス革命が勃発すると、八月二六日に憲法制定国民議会によって、すべての人間の自由と平等を定めた人権宣言が採択されたが、この「人権」なる概念は、白人の男性のみしか想定しておらず、植民地の奴隷には適用されなかった。そのことに反発した奴隷たちが蜂起すると、革命政府は植民地を維持するための苦渋の選択として、一七九四年にサン＝ドマング（現在のハイチ）における奴隷制の廃止を宣言する。ところが、ナポレオンが奴隷貿易と奴隷制を復活させたため、黒人奴隷たちは闘争を続行し、ついに歴史上初めての黒人共和国ハイチの独立を勝ち取った。このいわゆるハイチ革命（一七九一―一八〇四年）は、元々サン＝ドマングの黒人奴隷の間で白人入植者に対して鬱積していた不満や怒りが、フランス革命による権利意識の目覚めと重なって爆発したものであり、フランス本国と植民地、白人入植者と黒人奴隷の支配・被支配の関係というきわめて政治的・社会的な原因から生じた歴史的出来事と言える。[34]

しかし、フランス革命の人権宣言に謳われた自由と平等の概念が、不完全な形ではあれ、遠く海を隔てたサン＝ドマングの植民地にまで伝播し、黒人奴隷解放闘争の大きな力になったのは、まぎれもない事実だ。そしてそのことは、百科全書派のフィロゾフたちが思い描いた理想が、本当の意味で普遍的な理念になったひとつの瞬間を示している。フランス啓蒙思想の集大成として国内外の注目を集めた『百科全書』の社会的な影響を考えると、その点で、ジョクールの執筆による項目「奴隷制度」は、奴隷制廃止へ向けた人々の意識の変革に、少なくともモンテスキュー本人の著作と同等かそれ以上の寄与を果たしたといっても過言ではないだろう。なお、ジョクールは項目「黒人売買」（第一六巻）で奴隷貿易で富を得るヨーロッパ諸国の商人を街道の追い剝ぎにたとえ、自然法と人権に反する奴隷制の廃止を自らの言葉で雄弁に訴えていることも付記しておきたい。

図18　砂糖製造・精製所の図版（第18巻）サン・ドマングを思わせるフランス植民地の砂糖工場を描いた図版。現地では、アフリカから連れて来られた黒人が入植者の白人によって奴隷として酷使されていた。一見のどかな田園風景だが、遠景に黒人奴隷が描きこまれている点は、啓蒙主義の光と影を感じさせる。

「プロライター」ジョクール

ジョクールによる項目「奴隷制」は、モンテスキューの主著『法の精神』を主な典拠に、奴隷制を人間の生来の自由を強制や暴力によって奪う非人道的な制度として批判している。たしかに、アテナイやローマの共和政下で奴隷が置かれていた緩やかな隷属状態を人間性の発露というよりも統治上の必要によって説明する論点や、奴隷制度をある程度は国家の気候条件などの原因に由来するものとする風土論的な視点は、さまざまな国家の法が自然条件や政体の構造や国民の生活習慣などと取り結ぶ因果関係を比較検討して法則性を引き出そうとしたモンテスキューらしいものである。

ジョクールが執筆を担当した大量の項目には、本項目のように参考文献を切り貼りした「コピー&ペースト」ともいうべき編集手法に基づくものも数多く存在する。しかし、そのことはジョクールの執筆による項目の歴史的な価値を決して損なうものではない。各種アカデミーの研究紀要をはじめとする文献の学術情報を圧縮・要約して読者公衆に提供することは、ディドロによって当初から『百科全書』の編纂方針の柱のひとつとされていた。

百科全書派でもあるモンテスキューの主著『法の精神』から奴隷制度の歴史的起源についての哲学的考察と奴隷制批判の主要な論点を抽出してこの項目「奴隷制度」にまとめ上げたジョクールの職人仕事にも典型的に見られるが、かつては一握りの知識人や専門家しかアクセスできなかった専門書や学術論文の要点を嚙み砕いて紹介した『百科全書』の編集作業は、当時新聞雑誌など出版メディアの発達とともに公論の担い手として発言力を増しつつあったブルジョワジーを中心とする読者を啓発する文化的な役割も果たした。

項目を読んだ読者がこの問題についてさらに知りたければ何を読めばよいのか教えてくれるのは、現代でも優れた百科事典に欠かせない役割だ。しかし、書物が貴重であった当時、参照指示を頼りに本当に原典に当たって読む読者はほんの一握りだったはずだ。あらゆる学芸分野の著書や学術論文の内容の要約・抽出を編纂方針の柱のひとつとした『百科全書』は、むしろ、しばしば長大で難解な学術書を読まずに内容を手っ取り早く知る手段、言ってみれば「原典を読まずに済ます方法」を実現した点でも重宝されたに違いない。それこそモンテスキューの『法の精神』を実際には読んだことがなくても、『百科全書』の項目をいくつか読めば、誰でも『法の精神』の特定の論点については読んだつもり、わかったつもりになれるのである。原典主義が常識の学問の世界は別として、一般社会において、このことがどれほど学芸知の民主化に貢献したかわからない。

偶然だが、これまで見て来た項目「租税」と項目「奴隷制度」の執筆者は、いずれもジョクールである。ジョクールはともするど、他人の著作を切り貼りして項目を大量生産するのだけが取り柄の「編集職人」というイメージが先行しがちである。しかし、両項目を実際に読んでみると、ジョクールが百科全書派の哲学的理念を共有し、鋭い批判精神と雄弁な筆力とを兼ね備えた一個のフィロゾフでもあった実像が浮かび上がってくるだろう。ジョクールが執筆した項目は総じて論旨が明解で読み易く、大量の典拠文献を引用・加工しているだけに学術的な参照情報も豊富である。よくよく冷静に考えてみれば、ジョクールほど一般読者が百科事典の項目執筆者に望む役割に徹した百科全書派の作家はいないのかもしれない。そういう意味では、ジョクールこそ、百科事典の「プロライター」にふさわしいのではないだろうか。

V 『百科全書』の哲学的な歴史批判

第Ⅳ章では、「世界の解読」と「百科全書派の世界観の表明」というふたつの視点から複数の『百科全書』の項目をピックアップして内容の紹介と解説を試みた。この第Ⅴ章および第Ⅵ章では、百科全書派の合理主義的な迷信批判や科学観に踏み込んで、『百科全書』が啓蒙思想の代名詞と見なされる理由を、学術的な方法論やロジックの面から紹介していきたい。

『百科全書』の哲学史項目および科学項目は、百科全書派による合理主義的な人間知識の再編成の鍵を握る重要なコンテンツだった。人間の三つの認識能力に由来する学芸の分野の枝分かれをビジュアル化した「人間知識の体系図解」において、哲学と自然の研究（自然学）が、いずれも理性が司る学問として中央の位置を占めていることからも、そのことは確認できる。

とはいっても両項目群が覆う領域は広大なので、第Ⅴ章では古代以来の人類の誤謬・迷信に対するディドロの哲学的な批判、第Ⅵ章では同時代の科学論争を背景としたダランベールのニュートン主義擁護に的を絞り、『百科全書』の哲学的・科学的言説を特徴づけている啓蒙主義的な批判精神を読み解きながら、客観性を重んじる現代の百科事典とメッセージ性が強い『百科全書』の違いへの理解を深めていこう。

1　ディドロによる哲学史項目の迷信・誤謬批判

知識の四カテゴリーと誤謬の歴史

ディドロと並ぶ『百科全書』の共同編集者ダランベールは、『哲学の基礎に関する試論』(一七五九年)[1]において、『百科全書』で扱われるさまざまな真理の中でもとりわけ重要な真理の記述を「学問と技芸の全体的・合理的歴史」と呼び、その記述対象を、「知識」、「臆見」、「論争」、「誤謬」の四種類に分類している。[2]

これら四種類のカテゴリーは、知識の確実性の度合いに応じたものである。すなわち、「知識」は確実な知識に、「臆見」は確実とは言えない蓋然的な見解に、「論争」は互いに正しさを主張して対立し合う学説や仮説に、「誤謬」は明らかに間違っている謬見に、ほぼ対応していると考えられるだろう。ダランベールによれば、これら四種類の記述対象のうち、『百科全書』で最も重要なのは、真理にふさわしい確実性を持つ「知識」の歴史である。

しかし、読者諸氏にたった今お示しした『百科全書』の重要な題材となる四大対象のうち、私たちの現実の知識の一覧ほどためになり、我らが子孫に伝えるのにふさわしいものは他にない。私たちの現実の知識の一覧表が人間精神の歴史、人間精神への賛辞であるのに対し、他のものは人間精神に関する絵空事か諷刺でしかないからである。〔……〕残りの三つの対象は、非常に有益ではあるが、より確固たる富が手に入らないのでやむなくすがる頼みの綱のようなものにすぎないとすら思える。ある主題について知識が手に入れば入るほど、その主題が生んだ間違った見解や疑わしい見解にはかまわなくなるものだ。かつて人々が考えた事柄の歴史を知りたがるのは、そこで立ち止まれる確実判明な観念が手に入らないからに他ならない。〔……〕詭弁の歴史が数学においてあれほど短く、哲学においてあれほど長いのは、そのためである。[3]

このように、ダランベールが挙げる「学問と技芸の全体的・合理的歴史」の四種類の記述対象のうち、厳密な意味で知識の名に値するのは認識としての確実性を備えた「知識」のみであり、それ以外の三種の記述対象は、蓋然的もしくは不確実な見解の域を出ない。だが、ダランベールは「学問と技芸の全体的・合理的歴史」の記述対象を確実な「知識」のみに限定はせず、偏見や謬見といった、人間を真理から遠ざけてきた誤った見解にさえ、歴史的な教訓としての役割を認めている。そこには、過去の人間たちが真理を求めながら迷い込んだ無数の蓋然的な見解や誤謬があればこそ、そうした玉石混淆の見解の中から生き残った一握りの判明確実な「知識」が真理として今に伝わっているのだという判断が窺える。

現代の科学知識などの水準を前提にすると、歴史の中で淘汰された過去の知識は単なる「誤謬」として片付けられがちである。その点で、こうした過去の謬説にも真理が発見されるまでの過渡的な役割を認めるダランベールの考えは、「真理」として生き残った学説や発見のみを時系列順に線で結び、学問の進歩のプロセスを単純化しようとする科学史や学術史には見られない発想である。このように、『百科全書』がいわば「誤謬の歴史」に本来の「知識の歴史」に劣らぬ紙幅を割いていることの真の狙いはむろん、宗教や政治権力が生んださまざまな迷信や偏見を合理的に批判する点にある。

「誤謬の歴史」を記述した辞典としては、『百科全書』以前にも、ピエール・ベールの『歴史批評辞典』（一六九六年）が存在した。聖書批判の文献学的伝統とデカルト的な方法的懐疑に基づいて聖俗の歴史に関わる迷信、偏見、謬見の数々を検証のふるいにかける、この辞典は、『百科全書』の編纂・執筆にあたっても重要な典拠となった。ベールが『歴史批評辞典』で合理的批判の対象としたのは、諸学問の中でも数理科学などに確実性で劣り、党派性による偏向を被りやすい歴史および神学・哲学に関する伝承的な知識であった。

ディドロの哲学項目群「（古今の）哲学の歴史」

こうして、『百科全書』においても、宗教や神学を含む広義の哲学は「誤謬の歴史」に対する合理的批判の的となっている。中でも古代の異教徒の諸国民の哲学は、人間の無知や迷信に起因する誤謬の実例として、また古代人の迷信を口実に暗にキリスト教を批判する格好の題材としてしばしば取り上げられた。そして、『百科全書』で古今の代表的な哲学体系に関する哲学史項目を執筆した人物こそディドロであった。

ディドロが執筆したこうした哲学史項目の数々は、「（古今の）哲学の歴史」と総称されることが多い。[4]当初、ディドロは、『百科全書』の哲学史項目の執筆をイヴォン、マレ、ペストレという三人の神父に委ねていた。だが、一七五二年にド・プラド事件が起こり、『百科全書』の第一巻、第二巻の刊行・頒布が禁止されると、事件の当事者ド・プラド神父、イヴォン神父が相次いで亡命し、ペストレ神父も執筆を降り、マレ神父まで一七五五年に死去したため、第三巻以降、ディドロは哲学史項目の執筆の責任をほぼ一人で負うこととなった。

ディドロは「古今の哲学史」の執筆にあたり、ベールの『歴史批評辞典』の他に、ラテン語によるヤーコプ・ブルッカーの『哲学の批判的歴史』（全五巻、一七四二―四四年）やブロー・デランドの『批判的哲学史』（一七三七年）を参照している。中でもブルッカーの著書を典拠にした項目が目立つが、ディドロはブルッカーをただフランス語で引き写したわけではなく、ブルッカーの哲学史を咀嚼《そしゃく》した翻案の形で自らの思想や見解を付け加えて行なった。[5]

ディドロは、ブルッカーの『哲学の批判的歴史』を典拠としながら、古今の代表的な哲学説を紹介している。その内容は、エジプト人やギリシア人のような古代の諸国民の哲学の歴史から、ストア派、エピクロス派など学派の歴史、さらにはアリストテレス、ライプニッツなど哲学者の個人的な哲学体系にまでわたるが、中でも、古代の諸国民の哲学の歴史は誤謬の事例に事欠かない。

図 19　ブルッカー『批判的哲学史』（1742 年、フランス国立図書館所蔵）現在のドイツのライプツィヒで刊行されたラテン語による原典。18 世紀まで、ラテン語はヨーロッパの知識人の共通語だった。

古代の諸国民の哲学を紹介した「（古今の）哲学の歴史」の項目群の中でも、西欧文明の揺籃となった古代ギリシア・ローマ文明に先行するメソポタミア文明やエジプト文明など、世界最古とされる文明を築いたカルデア人やエジプト人の哲学の歴史を紹介した諸項目を見てみよう。ディドロの議論には先述のように典拠のブルッカー『哲学の批判的歴史』からの借用が多いが、ここではそれを承知の上で、仮に項目執筆者のディドロをそれぞれの項目における哲学的な議論の主体として話を進めることにする。

古代エジプト人の欺瞞――項目「エジプト人」（執筆者ディドロ）

たとえば、項目「エジプト人」では冒頭から、エジプトの歴史は年代学、宗教、哲学のいずれの分野においても謎に満ちた混沌そのものだというきわめて懐疑的なエジプト史観が提示される。ディドロによれば、この古代エジプト史の混沌はさまざまな誤謬の積み重ねによって生じたが、それらの誤謬には、作為的なものと非作為的なものとがある。

このうち、誤謬を引き起こす意図的な知識の歪曲・隠蔽の原因としてディドロが挙げるのは、虚栄心から自国の文明の起源を偽り、他国の文明より古く見せようとした古代エジプト人の欺瞞と、無知な民衆の崇拝をつなぎ止めるために宗教の奥義を限られた高弟にしか伝授しなかった僧侶階級の秘教主義である。

> エジプト人は地球で最も古い国民と思われようとして、自分たちの起源を偽った。エジプト人の僧侶たちは、民衆が寄せる崇拝を守るのに汲々としたので、教えらしいことといえば、自分たちの信仰を自惚れたもったいぶった態度で民衆にひけらかすことしかしなかった。僧侶たちの叡智なるものの評判は、それを秘密にすればするほど高まったので、彼らは選ばれた少数の人間にしか知恵を伝えず、大変長く厳しい試練によって、その者たちの口の堅さを確かめた。[6]

一方、ディドロが非作為的な誤謬の原因として挙げているのは、度重なる天災や戦乱による遺構の消失や知識の散逸から生まれた無数の臆見や宗教セクトの乱立と、複数の時代の出来事を同時代の出来事のように語る古代の歴史家たちの不正確な叙述を鵜呑みにした後世の人間の誤った歴史解釈である。

エジプトのさまざまな地方が頻繁に洪水に見舞われ、古い遺構が崩れ、最初の住人たちが散り散りになると、人がいなくなったあちこちの地方に外国の民族が住み着き、相次ぐ戦争によって、〔……〕周辺国の投降兵の人口が拡大した。知識や習俗や慣習や儀式や特有言語は混ざってごちゃごちゃになった。僧侶だけに託されたヒエログリフの真の意味は失われ、その意味をふたたび見出すための努力がいろいろと行なわれた。こうした試みから、信じがたいほど多くの臆見や宗派が生まれた。歴史家たちは、さまざまな事柄を自分たちの時代の出来事のように記したが、出来事の急速な展開は彼らの著作に避けがたい食い違いをもたらした。こうした相違点は矛盾として解釈され、誰もが複数の時代に関連づけるべき出来事をひとつの時代にまとめようとした。[7]

エジプト人と競い合ったエチオピア人――項目「エチオピア人」（執筆者ディドロ）

項目「エチオピア人」においても、自国の学芸の起源の古さを隣国のエジプト人と競い合ったエチオピア人の自負の無根拠ぶりが指摘されている。ディドロによれば、エジプトの哲学の歴史もエチオピアの哲学の歴史も不確かである。なぜなら、両国の学芸の状態を示す信用に足る歴史的遺構が何も残っていないからだ。[8]

それでもエジプト人の哲学とエチオピア人の哲学のどちらが古いのかを知る方法はある。現存するエチオピア人とエジプト人の習俗や信仰を比較すると、割礼の習慣、死体の防腐処理技術、衣服、世俗的・宗教的慣習、神々、偶像、象形文字、善悪の観念、霊魂不滅や輪廻転生の観念などを両国民が共有していることがわかる。だが、エチオピア人がエジプト人に影響を与えたとは考えられない。土地の風土と密接に結びついたエジプト人の哲学は借り物と思えないのに対し、エチオピア人の哲学と風土との間には因果関係がないため、エジプトがエチオピア人の哲学の「原因」であると考えるのが妥当だからだ。[9]

ディドロは、このように風土を一国民の文明の物理的原因として解釈するモンテスキュー流の風土論と、いわば比較人類学的・比較宗教学的な手法とを組み合わせた哲学的推論によって、エチオピア人の自惚れが間違っていること、こうした古代人の国民的誤謬の原因は、自国の文明の古さや優越を誇りたがる「虚栄心」という今も昔も変わらぬ人間心理であることを暴いてみせている。

「誤謬の歴史」をめぐる哲学的推論は、項目「エジプト人」や項目「エチオピア人」と同じく「古今の哲学史」に属する項目「カルデア人」にも見られる。同項目で、カルデア人はバビロニア人とほぼ同義の呼称として用いられている。[10]

カルデア人の年代学の疑わしさ――項目「カルデア人」（執筆者ディドロ）

項目「カルデア人」によれば、カルデア人はオリエントで最初に哲学に取り組んだ国民だが、自分たちこそ最古の民族であると自負するエジプト人は、カルデア人はエジプトからの移住民なのであり、自分たちから知識を学んだのだと言って譲らなかった。このエジプト人の優越意識は虚栄心から生じたものであり、歴史的な証拠に欠けている[11]。

ディドロによれば、カルデア人の哲学的臆見とされてきたものも信憑性がきわめて薄い。カルデア人の時代まで遡る歴史的遺構は存在しない。また、カルデア人の哲学は、それを伝承したギリシア人によって変形を被った可能性が高く、カルデア人たちもまた、自分たちの哲学的臆見を象徴と寓意のヴェールで覆い、限られた弟子にのみ伝授する秘教主義的な学問のスタイルを取ったからだ。だが、カルデア人の哲学が疑わしいのは、ギリシア人による歪曲やカルデア人の秘教主義のせいだけではなく、カルデア人の国民的な虚栄心によるものでもあった。ディドロは、自国の歴史の古さを誇張したがるあらゆる国民に共通する欲望の例として、アレクサンダーがバビロンを征服した時にはカルデアで天文学が行なわれるようになってから四七万年が経過していたというカルデア人の主張を取り上げている。

世界で最も古い民族だと思われたがる欲望は、あらゆる民族に共通する偏執であった。まるですべての民族が、古い時代に遡れれば遡れるほど自分たちの値打ちが高まると思い込んでいたかのように。この主題についてどれほど多くの妄想や戯言《ざれごと》が口にされてきたかは信じられないほどだ。たとえばカルデア人は、ダリウスに勝利したアレクサンダーがバビロンを奪取した時までに、カルデアで天文学が栄えてから四七万年が経っていたと主張した。この長い年月の計算の証拠は、歴史ではなく、カルデア人の興奮した想像力だけである。[12]

ディドロによれば、疑いえない事実に基づかない「年代学」は歴史的とは言えず、ある国民の古さの証明とはならない。アレクサンドロスの宮廷に出入りし大王の遠征にも同行した哲学者・歴史家カリステネスがバビロンからアリストテレスに送った天文観測の記録はそれより一九〇三年以上昔に遡るものではなかったという。この期間をフランスの古典学者ジョゼフ＝ジュスト・スカリジェ（一五四〇―一六〇九年）が考案したユリウス日[13]に換算すると、アレクサンドロスがバビロンを攻略したユリウス日四三八三年（紀元前三三一年）からユリウス日二四八〇年（紀元前二二三四年）までしか遡ることはできないので、七十人訳聖書のモーセ五書の年代学によって推定されるノアの大洪水の時期より後のことになる。[14]また、カルデア人の天文学の歴史が本当に四七万年もの歴史を持つならば、エジプトの天文学者プトレマイオスが言及しているカルデア人の天文観測の記録にナボナッサル紀元二七年（紀元前七二一年）以降のものしかないのは不可解である。[15]

こうした年代学上のさまざまな矛盾から見ても、カルデア人が誇りとするその天文学の長い歴史は事実に基づかない想像上の計算にすぎない、とディドロは結論する。[16]

ここで言及されている古代史の「年代学」は、不正確な年代計算の典型として『百科全書』でもしばしば槍玉に挙がっている。エジプト人、中国人など異教徒の古代史に見られる年代記述と「創世記」に始まる聖書の年代記述とのずれは、ユダヤ民族の起源をもって人類の文明の起源とするキリスト教聖史の年代学に対する強力な批判の論拠として、ヴォルテールら百科全書派のフィロゾフたちに利用された。つまり、異教徒の古代史の年代学を批判的に検討することは、聖書の年代学を間接的に批判することを意味したのである。

そして、「古今の哲学史」において年代記の批判的検討と並んで注目に値するのは、エジプト人、エチオピア人、カルデア人といった古代の諸国民が自国の歴史の起源を偽る年代学的な錯誤に陥った原因をめぐる哲学的推論である。エジプト人、エチオピア人、カルデア人が、いずれも自国の文明の起源を古く見せたいという「虚栄心」から自分たちの古代史の年代記述を偽ったと考えるディドロは、彼ら異教徒の古代史の年代記述を「事実」に基づいた「歴史」というよりは「想像」による「作り話」と見なしている。

だが、古代史の年代記述をおしなべて国民的虚栄心に発する誤謬として片付ける考え方は、諸国民の古代史や歴史の年代学、ひいてはあらゆる歴史的な伝承を誤謬として斥《しりぞ》ける極端な歴史的懐疑主義、さらには、自分たちの主義主張にとって都合の悪い過去の事実をすべて歴史家による捏造として否定する歴史修正主義につながりかねない。その意味でディドロの議論が意義深いのは、カルデア人が鼻にかける天文学の伝統の古さは歴史的誤謬としつつも、カルデアが天文学の発祥の地であるという歴史上の通説については、その合理的な根拠を認めている点だ。

田畑の境目がわからなくなるナイル河の氾濫が、自分と隣人の畑を区別するための正確な物差しを考案する必要からエジプト人に幾何学の最初の概念をもたらしたとすれば、昔のカルデアの牧人たちが大いに謳歌していた閑暇と、雲に決して覆われることのない空の下で彼らが吸っていた澄んだ清らかな空気とが、天文学の基礎となる最初の観察を生んだと言える。おまけに、カルデアは新しき世界の最初の人間の住処となったのだから、バビロニア帝国の起源はエジプト王朝に先立つのであり、バビロニア帝国の一地域で土地を与えられ定住した外国人の哲学者カルデア人にちなんで命名されたカルデアが、哲学の知識で啓蒙された最初の国だと思うのは自然である。[17]

このように、ディドロは、諸国民の風土と学芸との因果関係をめぐる哲学的推論によって、幾何学はナイル河の氾濫に悩まされるエジプトの農民の生活から、天文学はカルデア（バビロニア）の晴朗な気候の下で暮らす牧人の生活から生まれたのであり、学芸においてカルデアがエジプトに先んじたと結論づけている。

古代人が陥った歴史的誤謬の原因を哲学的な推論によって炙り出すディドロの議論は、ブルッカー『哲学の批判的歴史』を典拠としたものではあるが、「学芸の全体的・合理的歴史」を標榜する『百科全書』の哲学的な歴史叙述の役割と特徴を豊かに示していると言える。

2 「歴史」と「作り話」の違い——項目「歴史（HISTOIRE）」（執筆者ヴォルテール）

『百科全書』の合理主義的な真偽の判別法は、ディドロによる哲学史項目の他に、たとえば、あのヴォルテールが提供したことで知られる項目「歴史」にも典型的な形で見られる。ヴォルテールによれば、「歴史」とは、本当とされている事実についての物語である点で、無根拠とされる事実についての物語である「作り話」と異なる。そして、あらゆる歴史の中で「技芸」の歴史がおそらく最も有益な歴史であるのに対し、「臆見」の歴史のほとんどは誤謬であるという。[18]

「歴史」を「作り話」と対比し、「技芸」の歴史をはじめとした有益で確実な歴史を疑わしい「臆見」の歴史と区別するこのヴォルテールの歴史観は、『百科全書』に記述される誤謬の歴史を考察する上で貴重なヒントとなる。なぜなら、ダランベールが『百科全書』の「学芸の全体的・合理的歴史」の四大記述対象として挙げているものは、いずれも確実性の度合いに応じて分類された「人間知識の歴史」であり、中でも「誤謬」を含む不確実な「臆見」の歴史は相当の部分を占めるからだ。

さらに、『百科全書』の記述対象が「人間知識の歴史」であるとすれば、ヴォルテールが項目冒頭で指摘する「歴史」と「作り話」の違いも重要な意味を帯びる。古来、史実に基づく「歴史」とされる伝承や歴史書の多くは、たとえば王朝の権力の維持や正当化などを目的とした同時代や後世の歴史家による「作り話」も多分に含んでおり、『百科全書』の「誤謬」の歴史には当然、事実に関する認識の錯誤ばかりでなく、意図的に事実を歪曲・隠蔽・捏造する「作り話」の歴史も含まれるはずだからだ。

しかし、罪のない「誤った臆見」と意識的な「偽りの見解」を区別するのがそれほど容易でないのは言うまでもない。人類の長い「誤謬」の歴史のどの段階で作為的な虚偽が持ち込まれたのかは、たとえば資料にしても権力側の証言しか残っていないことが多く、証明が難しいからだ。文字資料が存在しない神話時代や古代の歴史に関しては、なおさら困難を伴う。だが、この点に関して、ヴォルテール、ディドロ、ドルバックら百科全書派のフィロゾフたちの立場は比較的明確である。目撃証人や文字資料による確実な証言が得られない歴史的伝承については「迷信」もしくは「作り話」としてひとまず疑ってかかるのが彼らの共通了解だからだ。百科全書派のフィロゾフたちは、デカルトやベールから受け継いだ方法的懐疑を武器として、宗教、政治、社会を含むあらゆる伝統の権威に対し容赦なく合理主義的な批判を加えた。中でもギリシア人、ローマ人、エジプト人など古代の異教徒の諸国民の信仰に対する批判を表向きの口実にキリスト教の教義やカトリック・キリスト教会の制度を間接的に批判する手法は常套手段として用いられた。

フィロゾフたちによる迷信批判、歴史批判の発想源となった代表的著作としては、モレリ『歴史大辞典』、ベール『歴史批評辞典』などの他に、いわゆる古代人近代人論争において近代派を勝利に導きフランス啓蒙思想の先駆的存在となったフォントネルの『神託の歴史』(一六八七年)や『寓話の歴史』(一六八七年)などがある。これらの著作やその迷信批判の論法は、理神論や唯物論などの地下思想と並んで、フィロゾフたちの宗教批判、歴史批判の武器庫として盛んに利用された。

キリスト教史観へのヴォルテールの批判は、しばしば聖書と俗史の年代記述の矛盾を突く形で展開される。ヴォルテールが歴史記述の対象を有史時代以降に限定し歴史的事実の資料的根拠を重視するのも、ノアの大洪水をはじめとする神話的伝承や「奇蹟」に満ちた聖書の年代記述に対する合理主義的な批判意識によるものである。このキリスト教史観に対するヴォルテールの批判においては、聖書の年代学や記述内容を「作り話」として事実に基づく「歴史」と区別することが重要になる。ただし、ヴォルテールは、事実や資料による裏付けを欠いた「作り話」としての歴史に対する批判を、聖書だけでなく古代の諸国民の歴史にも拡張している。

項目「歴史」においても、古代の諸国民の資料が存在しない歴史的伝承、とくに国家の起源に関する神話的な伝承は「作り話」として一笑に付されている。ヴォルテールによれば、歴史的伝承は蓋然的な知識でしかなく、時間を経て介在する証言者の連鎖が伸びるにつれ、その伝達内容はますます不正確になるという。

あらゆる歴史の基礎は親から子へ伝承された物語が代々伝わったものなので、起源において蓋然的でしかなく、世代ごとに一段階ずつ蓋然性を失う。時間とともに作り話が増大し、真実は失われる。諸国民の起源がすべて馬鹿げているのはそのためである。こうしてエジプト人たちは何世紀もの間神々に、次いで半神に支配され、一万一三四〇年の間王を戴き、その間に太陽の東西は四回入れ替わったという。

フェニキア人は自国に三万年来住み着いていると主張していたが、この三万年はエジプトの年譜と同じくらい奇蹟的な事柄に満ちていた。ギリシアの古代史がいかに滑稽な驚異に満ちているかは知られている。ローマ人は真面目だったが、自分たちの初期の時代の歴史を作り話で覆った。[19]

ここに見られるのは、「歴史的真実」が長い伝承の過程で、大勢の人間が付け加える「作り話」によって歪むものだという歴史的懐疑主義である。その根底にあるのは、民衆の無知につけ込んだ権力者、聖職者、歴史家らの作為によって醸成されたいわば「歪曲史観」に対する啓蒙主義者らしい合理主義的な批判意識だ。ヴォルテールは、典拠や情報の伝達経路が不確実な歴史的伝承、中でも、諸国民の起源に関する歴史のように口頭伝承に由来する伝説的物語を、後代の人間が捏造した作り話として斥ける。たしかに、その場でメッセージを口伝えでリレーする子供の遊びの伝言ゲームにおいてさえメッセージはしばしば誤って伝わることを思えば、幾世紀もの時間を経て比較にならない数の人間が関わった歴史的な口頭伝承が原形をそのまま保っていると思う方がどうかしているのかもしれない。

だが、ヴォルテールによれば、作り話による史実の歪曲は何も古代史に限ったことではなく、近代国家の草創期の年代記もすべて作り話だという。こうした驚異的で疑わしい歴史的伝承は、人間が陥りがちな軽信の証拠として報告されるべき作り話であり、臆見の歴史に含まれるのだ。だから、古代史について何かを確信をもって知ろうとしたら、ひとつしか手段はない。反論しがたい記念建造物（証拠）が残っていないか探すことである。だが、こうした動かぬ証拠となる文書は三つしか存在しない。（一）バビロンで一九〇〇年間行なわれた天体観測の記録、（二）中国で紀元前二一五五年に計算された皆既日食、（三）アロンデルの大理石に紀元前二六三年に刻まれたアテネの年代記、の三点である。また、書物以外にも、エジプトのピラミッドや王宮のように、古い国民の歴史を知るのに役立つ記念建造物はある。エジプトの最も古いピラミッドは四〇〇〇年以上昔のものと思われるが、王によるこうした権勢の誇示が行なわれ始めたのは、都市が建設されてからだいぶ後のはずである。エジプト人が河川の氾濫による洪水から都市を守る大工事を行ない、農業や建築の道具を発明し、測量術の知識を身につけ、法律や行政組織を持つには長い時間がかかったに違いないからだ[20]。

このように、ヴォルテールは、諸国民の起源が語られる古代史のあらゆる歴史的伝承を文字資料や歴史的遺構などの確実な証拠を欠いた「作り話」として「真正の歴史」から排除し、そうした「作り話」を学問的確実性を欠いた「臆見の歴史」のカテゴリーに追いやっている。

こうして諸国民の起源に関する古代史の伝承を、証拠を欠いた信じがたい「作り話」として斥ける一方、エジプト人がピラミッドの建造に至った歴史的経緯を哲学的歴史の形で推理してみせる合理的で説得力のある議論には、『諸国民の習俗と精神について』(『習俗試論』一七五六年)の著者でもあるヴォルテールの啓蒙主義的な歴史観が典型的に表れている。

3 占いという迷信——項目「占術(DIVINATION)」(執筆者ディドロ)

あらゆる誤謬を論破するコンディヤック

『百科全書』が実際には多様かつ大量の典拠の編集・加工に基づく学術情報の集成でもあることが、近年の典拠研究の進展によってますます知られるようになってきた。この事実は、『百科全書』の諸項目を執筆協力者によるオリジナルの文章と見なす素朴な前提に修正を迫るものである。そもそも、古今の膨大な学術情報の抜粋・編纂を重要な使命とする『百科全書』の項目の中には、項目の大半が特定の著作からの引用でできているものも少なくない。現代の読者からすると、他の著作からの引用を加工して辞書の項目を執筆するのはいかにも手抜きに思える。だが、先述のように、当時、相互引用は立派な文化的慣行であった。『百科全書』においても、引用は膨大な人間知識を圧縮・整理して読者に提供する有効な手段のひとつとなった。中でも、同時代の百科全書派の啓蒙思想家たちによる著作は、合理主義の見地から迷信や偏見を批判するための絶好の素材として積極的に加工・流用された。こうした執筆法は、大半がコンディヤックの著作の要約からなる項目「占術」（執筆者ディドロ）にも当てはまる。

同項目でディドロは、コンディヤックの『体系論』（一七四九年）を誤謬に対する哲学的批判の模範として紹介し、コンディヤックが試みる占術の起源と発達に関する哲学的推論は正しく、他のさまざまな誤謬の事例に応用が可能なので、読者にもぜひ『体系論』の一読を勧めたいと述べている。このようにディドロが絶賛していることからも、『百科全書』および啓蒙思想において、コンディヤックの『体系論』が人間理性の進歩を妨げるすべての誤謬に対する原理的批判として担った期待の大きさが窺える。

『体系論』でコンディヤックはまず、古今の哲学者が生み出した理論を「体系」、「体系」の構成要素の中で他の要素を説明できる一部のものを「原理」と呼び、さらに「原理」を三種類に区別している。ひとつめの「原理」とは、一般的・抽象的な原則であり、明晰判明で疑いようのない観念であれば真理とされる。[21] ふたつめの「原理」とは、説明がつかない物事を何とか説明しようと哲学者が思いつき、上辺であれ現象を説明できれば真理とされる形而上学的な仮定である。[22] このうち、第一種の抽象的な「原理」は、たとえば動物の観念が人間や馬や猿などの共通性質から導き出されたように、個別の観念から抽出されたものにすぎないので、既存の知識を整理するのには便利でも発見には役立たない。[23] 第二種の「原理」である仮定は、形而上学者が労せずして好き勝手に思いつく原則なので、無知しか生まない。[24] 結局、真の体系の原理の名に値するのは第三種の「原理」、すなわち経験で確認された事実だけなのだ。

コンディヤックによれば、たとえば物体の重力はいつの時代も経験で確認されてきた事実だが、それが原理として認識されたのは〔ニュートンが提唱した万有引力の法則が科学理論として浸透した〕最近のことにすぎない。しかし、経験によって確認されたこうした事実のみが、人間の手で原因の発見が可能な物事を説明できるのである。[25]そして、コンディヤックは、経験で確認された事実に基づく体系を「真の体系」、抽象的な原則しか持たない第一種の「原理」に基づく体系を「抽象的な体系」、第二種の形而上学的な仮定のみに基づいた体系を「仮説」と呼んでいる。

こうしたさまざまな体系の起源をコンディヤックは以下のような歴史的推論によって説明している。

体系は哲学者たちよりも古い。自然は体系を生み出すことができるし、人間に自然しか主人がいなかったうちは、悪しき体系は生まれなかったからだ。体系が観察の成果でしかなく、またありえなかったのはその頃のことである。まだ誰もすべてを説明しようとは思わなかった。いろいろ欲求を感じても、それらを満たす手段しか探そうとしなかったからだ。

そうした手段は観察でしか知ることができなかった。また、そうする他なかったので観察をしたのだった。その後も、原理とやらは知らなかったので、少なくとも数多くの誤謬から身を守ることができた。誤りを犯すには知識の基礎が要るが、哲学者は往々にしてこの基礎しか手にできなかったように思えるからだ。[26]

体系の歴史的起源に関するこの推論を特徴づけているのは、人間が、無知な状態を脱し知識を獲得するにつれ、かえって哲学的な「原理」ですべてを説明できるとの自惚れから自然の観察を怠り、以前にも増して多くの誤謬を犯すようになったという逆説的な考えである。つまり、コンディヤックは、むしろ知識の基礎を手に入れ哲学を営むようになってからこそ、人間は誤謬に陥るようになったと主張しているのだ。

何事においても生半可な知識が一番危険とは現代でもよく言われることである。学問や技術の進歩によって知識や情報が世の中に溢れる便利な時代になると、自分の五感と経験で自然や社会から直接学ぶ機会は減り、インテリや情報通を自任する人々ほど、かえって机上の空論やメディアの流言飛語に踊らされかねないところがある。コンディヤックの体系批判は、知識や情報を誰でも容易に入手できるようになった現代のインターネット社会においても、物事の真偽を見分けるヒントになりそうだ。

占星術の起源

ディドロが『百科全書』の項目「占術」で実際に略述しているのは、コンディヤックの『体系論』の全体ではなく、誤謬の体系の実例を示した第五章「占術の起源と発達について」である。コンディヤックは、アナロジー（類推）を原理とする占術の典型として、古来民衆を惹き付けて来た占星術を取り上げている。

コンディヤックの推論によれば、人間が被る災厄には、原因がはっきりしているものと、そうでないものがある。原因がはっきりしない災厄は、好奇心から自然現象の原因を想像したがる人間たちの推論の格好の的になった。とくにペストのように大規模な災厄の場合には、想像力豊かな人間たちがでっち上げた体系が受け入れられた。こうした災厄は、人間を悩ますことを喜びとする恐ろしい存在のせいにされた。だが、それだけでは酷なので、バランスを取るために、人間に好意的な存在も考案された[27]。こうして、人間に好意や悪意を抱く神々が考案され、やがては、空中、森林、河川をはじめ、地上のいたるところに神が住み着いていると信じられるようになった。だが、地上に住まう神々だけでは充分に説明がつかないため、人間の幸不幸は、やがて太陽や月といった天体の位置に帰されるようになり、飢饉、戦争、君主の死といった大きな出来事が、日食や彗星といった珍しい天体現象の影響によって説明されるようになった[28]。

しかし、人間の運命の原因を天体現象のうちに求めるこうした古来の俗信は、不合理な迷信である。コンディヤックによれば、宇宙の全体と部分は物理的な相互作用で結ばれており、人間の身に起こる出来事を含めたあらゆる現象は、宇宙を構成するすべての要素の連鎖的な相互作用の結果である。そのため、コンディヤックは、宇宙全体からすればごく一部の要素にすぎない天体の運行によって人間の運命を予測することの愚かさを以下のように指摘している。

もし宇宙においてはすべてが結びついており、私たちが宇宙のほんの一部分の作用だと思っているものが、極大の物体から極小の微粒子に至る全体の複合的作用の結果であると考えることができたならば、人間は決してある惑星や星座を自分たちの身に起こる出来事の原理だと思わなかったであろうし、ある出来事を説明するのに、そのさまざまな原因のほんのわずかな部分しか考慮しないことがいかに不合理であるか気づいたはずだ。しかし、この偏見の第一原理である恐れは熟慮を許さない。恐れは危険を指し示して大きく見せるので、誰もが危険を予見できるだけで満足しきってしまうからだ。[29]

一方、占星術の歴史的発達に関するコンディヤックの説明は以下のようなものである。天体と神々が同一視されるようになると、それぞれの天体には神々の性格が、星座にはそれぞれの名前の元になった動物の長所が割り当てられた。[30] だが、すべての天体の複雑な影響力を計算するのは無理なので、人間の運命に影響を及ぼす天体は黄道十二宮の星座だけに絞られ、[31] 一瞬ごとに変化する星座の位置や地球上の位置による天体の光線の角度の違いは無視され、[32] 天体の影響は受胎以後ではなく出生以後に始まるとの俗信から、出生の日付・時間と天体の運行との関わりだけが計算の対象とされるようになった。[33]

以上のコンディヤックの推論によれば、現存する占星術は、宇宙のあらゆる天体の運行と影響力を計算することが不可能なために、計算に入れる天体の数や位置や時間などを簡略化することでようやく実用化した、粗雑な疑似理論体系ということになる。

さらにコンディヤックは、占星術の理論体系を起源として、魔術、手相、夢占い、鳥卜《ちょうぼく》（鳥の飛び方や鳴き声で神意や吉凶を占う術）、腸卜《ちょうぼく》（生け贄に捧げられた動物の内臓で神意や吉凶を占う術）をはじめとする古代由来のありとあらゆる占術の歴史的発生を系統的に論じ、[34] 魔術をはじめとする宗教的迷信の起源も、占術からの派生によって説明している。それによれば、卜占《ぼくせん》を執り行なう者がたまたま発した言葉が神による霊感とされたことから、迷信深い民衆によって予言が神のお告げとされるようになり、やがて、狡猾な僧侶が民衆の迷信につけ込んで神々の彫像にお告げをさせるようになり、しまいには至る所に神々が宿っていると信じられるようになった。魔術師たちは民衆の無知につけ込んで医学知識を悪用し、政治家も僧侶の預言を助長した。なぜなら、当時、重要なまつりごとは占いなしでは何ひとつ行なえなかったからだ。こうした誤謬はあまりに普遍的だったので、宗教の知見を有するユダヤ教徒やキリスト教徒の間でも広まった。彼らは異教徒が天体や悪魔を呼び出すのに似たやり方で悪魔や死人を呼び出そうとした。

以上が占術の体系である。誰もが皆同じ点から出発しながらそれぞれの想像力の赴くままに出発点から逸れ、誤謬へと陥ったのだ。諸国民がこうした偏見を受け入れるのがどれほど自然であり、それらの偏見を信じるのがどれほど滑稽であったかがわかろう、とコンディヤックは結論づけている。[35]

現代のこの日本でも、たとえば占星術には雑誌やテレビのコンテンツとしてそれなりの需要があり、「今日の運勢」で自分の星座の運勢がよければ、エンターテインメントだとわかっていても、験担《げんかつ》ぎでまんざらでもなく思う人はいるかもしれない。あるいは、たまたま手相や面相を占ってもらい、強運の持ち主だと褒められて思わず喜ばない人がどれほどいるだろうか。こうした巷の占いはどれもこれも俗信、迷信だと鼻で笑うインテリでも、初詣で神社に行けば何となくおみくじを買ってその結果に一喜一憂してみたり、自分の子供に名前をつける際に姓名判断の字画などを気にする人は案外多いのではないか。

コンディヤックは占術を誤謬としてこてんぱんに論破している。その論理の鮮やかさは実にスカッとしたものだが、未来のことは結局誰にもわからない。自分や家族の健康から一国の政治経済の先行きまで、わからないことばかりだからこそ、人はさまざまな「予測」を当てにして行動し、切羽詰まった時には「占い」にさえすがるのだろう。人間性は今も昔もそれほど変わらないということなのかもしれない。しかし、そうしたものが多くの場合、単なる気休めでしかないことを頭で理解しているのとしていないのとでは大違いである。俗信や迷信に絡めとられて合理的なものの考え方ができない当時の世人の目を覚まさせようとしたコンディヤックの体系批判は、現代の世の中でも充分に通用する根源的な指摘に満ちている。

ディドロによる書き換えの啓蒙的な狙い

既に述べたように、ディドロは、『百科全書』項目「占術」でコンディヤックの『体系論』を誤謬の体系に対する有効な批判として推奨し、コンディヤックの占術批判の概要を紹介している。だが、「以下が氏の主な考えだが、それに我々の考えもいくつか加えさせていただいた」[36]とあらかじめディドロ自身が断っているように、ディドロによるコンディヤックの占術批判の紹介は単なる『体系論』の要約ではない。

ディドロはまず、いわゆる司法占術が誕生した経緯をほぼコンディヤックの記述に忠実に要約した後、次のように述べている。

> いろいろな予言が行なわれると、ひとつが当たりで九九九個が外れでも、当たった予言だけが話題となり、それで占術が判断される。

このただひとつの驚嘆すべき予言は、幾通りにも語られるうちに増殖し、数限りない好都合な予言となる。嘘とぺてんが入り込むのだ。やがて、哲学に立ち向かうのに充分すぎるほどの事実や驚異がいろいろと手に入る。哲学は本来は用心深いのだが、経験を反論に突きつけられると、必ずや騙されてしまうからだ。[37]

ここの箇所でディドロはコンディヤックの『体系論』の一節を下敷きにしているが、占星術の成立の歴史に関するコンディヤックの推論の大意を要約しながら、原文には見られない哲学的推論を付け加えている。原文との差異がよりはっきりするように、以下にコンディヤックによる原文を引用してみよう。

この占星術の体系が出来上がるにつれ、さまざまな予言が行なわれた。沢山の予言のうち、いくつかが出来事によって裏付けられると、人々はそれを鼻に掛けた。その他の予言が占星術に打撃をもたらすことはなかった。占星術師が無知と思われていれば、すべてがそのせいにされたが、占星術師が腕利きで通っている場合は大目に見られ、占星術の欠陥自体に起因することが何らかの計算間違いのせいにされた。それどころか、誰も何も注意を払わないことの方がはるかに多かった。人間は一度迷信に身を任せると、歩を進めても過ちから過ちへと陥るだけである。一〇〇〇の観察のうち九九九個は人間を誤謬から救い出せるはずだ。しかし、人間はひとつしか観察を行なわない。そして、その観察のせいで誤謬に縛り付けられるのだ。[38]

コンディヤックの原文とディドロの文章を比較すると、ディドロの記述の内容が原文の大意の要約を大幅に越え出ていることがわかる。コンディヤックは、人間が自らの怠惰に起因する検証や観察の不足によって占星術という誤謬の体系につなぎ止められることになったと述べている。一方、ディドロは、偶然「当たった」数少ない予言が嘘やぺてんによっていつの間にか無数の「正しい予言」へと仕立て上げられていくという半ば意図的な情報操作によって、占星術という「迷信」の形成を説明している。

よく知られるようにディドロは、『百科全書』の項目「確実性（FAIT）」において、あらゆる「事実」の確実性を証言の感覚的直接性や証人の信憑性の度合いなどに従って分類し、「事実」として現在に伝わる出来事をそのまま鵜呑みにすることがいかに不用意であるか、過去から現在に至る証言の連鎖の中で「事実」がいかに歪むものかを指摘している。もちろん、項目「確実性」におけるディドロの狙いは、「奇蹟」をはじめとする聖史の記述の信憑性を確実性という世俗的な歴史事実の判定基準によって揺さぶることである。項目「占術」では、占星術という俗信が対象ではあるが、過去から現在に及ぶ長い俗信の形成過程において、「事実」とされるものの大半は虚偽の証言によって事後的に捏造されたに違いない、というディドロの懐疑的な歴史観は、項目「確実性」の真の狙いである迷信批判にも通じる。

キケロに託されたフィロゾフの理想像

さらに続く箇所で、ディドロは占術の発達に関するコンディヤックの推論を要約している。それによれば、アルファベット文字の普及に伴ってヒエログリフの意味の忘却という「誤謬の増大を助長する偶然事」も手伝って、あらゆる事物や出来事が迷信深い民衆によって神のお告げや未来の運命の兆候と見なされるようになり、手相占い、夢判断、腸卜などの占術が次々と生まれた。そして、僧侶や政治家や哲学者がそれぞれの利害から民衆の迷信を利用したため、占術という誤謬の体系はユダヤ教徒やキリスト教徒の間にさえ広まり、キリスト教徒の中には、異教徒の魔術に似た儀式によって死人や悪魔を呼び出そうとする者が現れた。以上はコンディヤックの『体系論』のほぼ忠実な要約だが、ディドロは項目末尾に次の考察を付け加えている。

だが、臆病な哲学者にでも、何か普遍的な偏見に立ち向かうのは無理でも、それを滑稽視することはできる。その上、誤謬の体系のせいで見下げ果てた悪人になりかねない同胞たちを覚醒させようと、自分の休息を犠牲にして生命を危険にさらすほどの勇気が彼にあれば、少なくとも過去の見解の数々について公平に判断する後世から見ると、ますます尊敬に値する。キケロが神々の性質や占術について著した書物が、当然異教の僧侶たちから侮辱的な不信心の誹《そし》りを招いたり、民衆の偏見を尊重すべきだと言い張るあの穏健な人々から争乱好きの危険分子呼ばわりされたに違いなくとも、後世は今日それらをキケロの最高傑作と見なしてはいないだろうか。つまるところ、どの時代、どの民族においても、徳と真実のみが我々の敬意に値するのである。今日、一八世紀半ばのパリにおいてさえ、異教のさまざまな戯言を踏みにじるには大変な勇気と能力が要りはしないだろうか。ネロの治世にジュピターの悪口を言うことこそ立派なのであり、キリスト教初期の英雄たちは勇敢にもそうしたのである。だが、彼らも、真実を述べるのに幾分危険が伴う時に真実を檻につなぐあの偏狭な才人どもや臆病者どもの一員であったならば、まったくそうはしなかっただろう。[39]

『百科全書』項目「占術」のこの最後の一節を読むと、ディドロが占術の発達に関するコンディヤックの歴史的推論の要約を、一般的な誤謬・迷信批判へと発展させていることがわかる。俗信としての占術に対する批判、および神託批判、魔術批判を通じた間接的な宗教批判の契機はコンディヤックの『体系論』そのものに見られるが、コンディヤックの議論を紹介するディドロもまた、占術を単なる誤った俗信ではなく宗教的な迷信と重ね合わせているのだ。しかも、古代ローマの神々を公然と批判したキケロを引き合いに出し同時代の支配的偏見に立ち向かう哲学者の偉大さを称賛している点からも、ディドロが、我が身の危険を顧みず真実を述べた異教時代の哲学者の勇気に託して、暗に近代のキリスト教世界で宗教的タブーをはじめとする「普遍的偏見」を批判することの難しさとその勇気を褒め称えていることがわかる。「真実を述べるのに幾分危険が伴う時に真実を檻につなぐあの偏狭な才人どもや臆病者ども」という表現が、処罰を恐れて自己検閲を行なう同時代の保守的な文人・知識人の逃げ腰ぶりに対する揶揄にもなっているのは明らかである。

ディドロは、異教の偏見を批判したキケロの勇気を称賛しているように見せかけて、同時代の支配的偏見に対する抗議のメッセージを暗黙の了解として盛り込み、読者に解釈を委ねている。こうした手法にこそ、厳しい検閲を「合法的な手段」でかいくぐるためにディドロが強いられた苦心と巧妙な工夫の跡が窺える。

Ⅵ 『百科全書』と同時代の科学論争

1 『百科全書』の論争的な性格

『百科全書』が、ディドロとダランベールを含め、一八世紀の各学問分野の最高レベルの権威の知を総結集した百科事典であるからには、その記述は客観的なはずだ、またそうあらねばならない、との抜きがたい思い込みが私たち現代の読者にはありはしないだろうか。

ところが、辞書の定義が客観的な情報であるという現代の私たちの思い込みは、一八世紀の辞典、なかんずく『百科全書』には通用しない。啓蒙主義の代表者に数えられるディドロとダランベールが編纂者であり、執筆協力者の多くが百科全書派と呼ばれていることからもわかるように、『百科全書』は単なる百科事典ではなく、きわめて党派色の強い書物なのである。

『百科全書』の科学項目の執筆を担当した当時の第一線の科学者たちも、検閲制度が存在した上、記述対象の科学そのものも未分化で発展途上にあったため、しばしば旧態依然とした宗教的迷信、哲学的・科学的誤謬に取り囲まれ、各自の専門分野の原理や概念をめぐる科学論争が決着を見ない状況での執筆を余儀なくされた。過去の迷信・誤謬を批判する一方で同時代の対立学派との論争にも挑まなければならなかった彼らの科学的言説は、決して「客観的」なものではありえない。このことは当然、『百科全書』編纂と科学項目の執筆を引き受けた数学者・哲学者ダランベールのケースにも顕著に当てはまる。彼は、百科全書派・啓蒙主義者のフィロゾフであり、パリ王立科学アカデミー会員の物理学者・力学者でもあった。ダランベールが執筆した専門的な内容の科学項目においても、科学者としての顔とフィロゾフとしての顔を切り離すのは難しいのだ。

2　ニュートン主義を擁護する——項目「引力（ATTRACTION）」（執筆者ダランベール）

「コピー&ペースト」による編集術

議論の前提として、繰り返しになるが、『百科全書』の項目はすべて書き下ろしによるオリジナルな文章であるという思い込みを解いておこう。先述のように、『百科全書』には各種の先行辞典類、中でもチェンバーズからの引き写しの内容が意外にも多い。筆者は以前、ダランベールの一六〇〇件近くの項目に目を通し、その内、物理学・力学を分類項目名とする三〇〇件ほどの項目の本文で引用されている典拠を洗い出す作業を行なったことがある。本文中に埋め込まれたそれらのテキストには、本文中で参照が指示されている明示的な典拠と、無断で引用されている悲明示的な典拠とがある。その調査結果から、純然たる自著項目を除くダランベールの執筆項目の大半は、（一）チェンバーズの仏訳の丸写し、（二）他の参照文献からの借用、（三）チェンバーズの仏訳と他の参照文献からの借用のパッチワーク、（四）上記（三）にダランベールが個人的なコメントを加えたもの、というほぼ四つのパターンに分かれることが判明した。[1]

たとえば、項目「引力」において、ダランベールはニュートンの引力理論を定義している。ダランベール自身がニュートン主義の擁護者であり、ニュートンの物理学の最も重要な概念を定義した項目であることを考えると拍子抜けするが、項目「引力」においても、引力の概念の定義そのものは、先行するチェンバーズ百科事典や科学者ミュッセンブルークの物理学入門書からの大量の「コピー&ペースト」である。

しかし、項目「引力」でダランベールは、全体の二〇%近くに及ぶ部分で参照文献の文章を書き換えたり、自らの哲学的考察を述べたりしている。その点に着目すれば、ダランベールがニュートン主義の理論的中核をなす「引力」の概念を定義・紹介するにあたって、チェンバーズなど他の辞典類からの借用だけで済ませることも充分できたにもかかわらず、強い科学的・哲学的関心から、項目内への例外的に長い個人的介入を行なっていることがわかる。

なぜニュートンの引力説はデカルトの渦動説に勝るのか

ダランベールは項目末尾に、物体の運動の原因を説明する哲学的仮説として、ニュートンの引力理論と競合関係にあったデカルトのいわゆる渦動説を検討する個人的な考察を挿入している。デカルトは、物体の運動が宇宙に充満する微粒子の渦巻状の運動によって起こると考え、惑星が太陽などの恒星の周りを回転する運動もこのエーテル状の微粒子の渦巻きの作用によって説明した。

ダランベールによれば、デカルトの渦動説は、主要な惑星が太陽に、そして二次的な惑星が主要な惑星に近づこうとする力を液体の衝突によって説明しようとした。この説は、惑星の移動を渦動の円運動によって、惑星が太陽に近づこうとする傾向を渦動の遠心運動によって、それぞれ説明できる点では好都合である。しかし、ある現象を大ざっぱに漠然と説明できるだけでは仮説として不充分だ。細部こそが試金石なのであり、こうした細部がデカルトの体系の失墜を招いたのだ。ダランベールは、以上の理由から渦動説は受け入れられないので、惑星を太陽に近づけようとする力は、いわば未知の原理としての「隠れた性質」に起因すると言わねばならない、と結論づけている。[2]

ダランベールは、天体の運動を説明する科学的仮説としての引力説と渦動説の長短を比較し、引力の原理が解明されていないにもかかわらず、その優位を次のように認めている。

だから我々は、引力が物質の第一の特性であることが望ましいのかどうかを口にするつもりはまったくないが、衝突が惑星の運動の必然的な原理などと主張するのも控えたい。もしどちらかを選ばなければいけなくなったら、衝突よりも引力に賛成したくなるだろうとさえ打ち明けておこう。なぜなら、いまだ衝突の原理によって天文現象を説明できた試しはないからだ。そして、それらの現象をこの原理では説明できないことは、証明とは言わないまでも、非常に強力な証拠に基づいているからだ。〔……〕いずれにせよ、ニュートン氏によれば、引力は距離の二乗に反比例して減少する。この偉大な哲学者は、このたったひとつの原理によって天文現象の大半を説明して見せたのだ。[3] そして、以後人々がこの原理によって説明しようとしたあらゆる天文現象は、奇跡的なまで容易かつ正確に説明された。月の軌道極点の運動だけは、しばらくの間この体系を拒むかに見えた。しかし、この問題は、我々がこの文章を書いている現在もいまだ決着を見てい

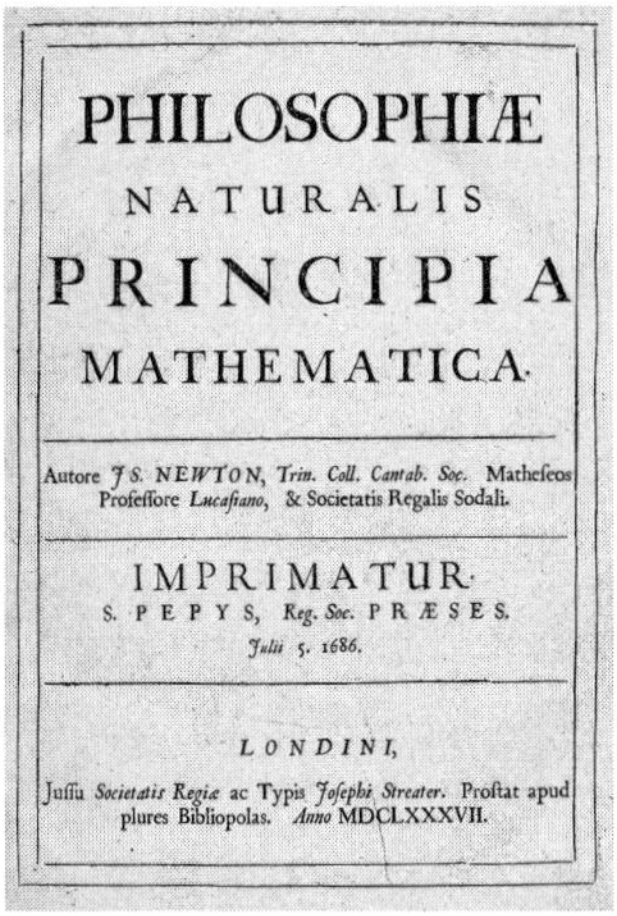
PHILOSOPHIÆ
NATURALIS
PRINCIPIA
MATHEMATICA.

Autore *JS. NEWTON*, *Trin. Coll. Cantab. Soc.* Matheseos Professore *Lucasiano*, & Societatis Regalis Sodali.

IMPRIMATUR.
S. PEPYS, *Reg. Soc.* PRÆSES.
Julii 5. 1686.

LONDINI,

Jussu *Societatis Regiæ* ac Typis *Josephi Streater*. Prostat apud plures Bibliopolas. *Anno* MDCLXXXVII.

図 20　ニュートン『自然哲学の数学的諸原理（プリンキピア）』のラテン語原典（ロンドン、1687 年）万有引力の法則を含む力学の法則を数学的な手法で論じて古典力学を切り開き、科学の歴史を一変させた。

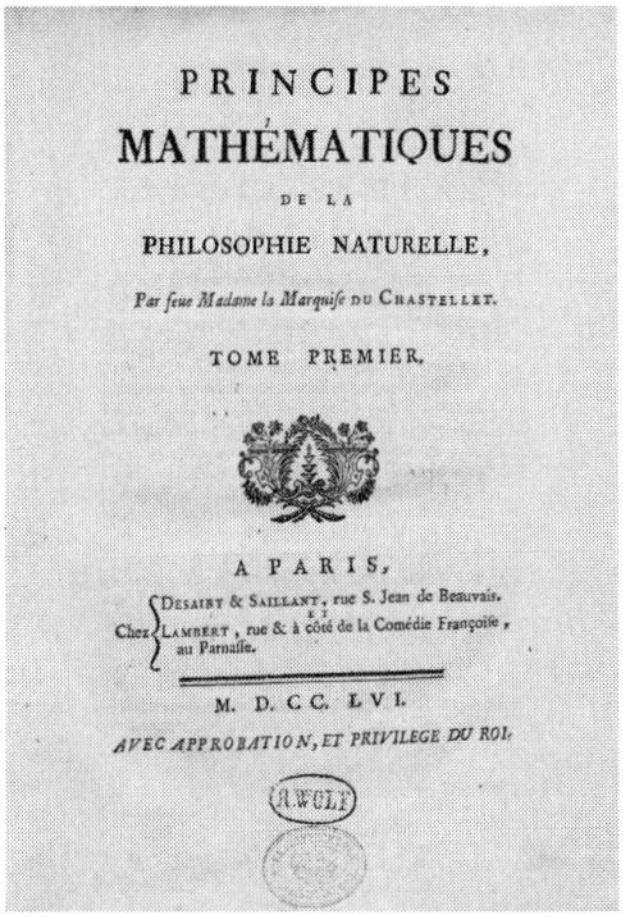
PRINCIPES
MATHÉMATIQUES
DE LA
PHILOSOPHIE NATURELLE,

Par feue Madame la Marquise DU CHASTELLET.

TOME PREMIER.

A PARIS,
Chez DESAINT & SAILLANT, rue S. Jean de Beauvais.
et
LAMBERT, rue & à côté de la Comédie Françoise, au Parnasse.

M. D. CC. LVI.

AVEC APPROBATION, ET PRIVILEGE DU ROI.

図 21　デュ・シャトレー夫人によるニュートン『自然哲学の数学的諸原理（プリンキピア）』の仏語訳（第 1 巻、1756 年）数学者デュ・シャトレー夫人は恋人のヴォルテールとともに、フランスにおけるニュートン主義の浸透に多大な貢献を果たした。項目「引力」を含む『百科全書』第 1 巻の執筆時には、デュ・シャトレー夫人による仏訳は存在しなかった。

ない。そして、ニュートンの体系が首尾よく切り抜けるだろうと断言して構わないように思う。項目「月」を参照せよ。私は計算によってその確証を得たので、間もなくその成果を出版するつもりだ。[4]

ダランベールは、引力そのものをもたらす究極の原因を未知の原理として括弧に入れた上で、引力の存在を仮定した計算結果が天体の運行の経験的な観察結果と符号する点で、同じ仮説でも引力説の方が衝突説（渦動説）より信憑性が高いと述べているのだ。しかも、ニュートンの引力説が月の軌道極点という難問をめぐってその有効性を問われていることからは、ダランベールが項目「引力」を執筆した一七五〇年頃においてもなお、引力説と渦動説の優劣をめぐるニュートン主義者とデカルト主義者の論争に最終的な決着がついていなかったことがわかる。にもかかわらず、同時代の科学論争の渦中に自ら身をおく科学者としてニュートン主義陣営に肩入れし、アカデミーを中心とする科学界ではその優位をいよいよ盤石にしつつあったニュートンの引力説の説得力を科学に疎い一般読者にも印象づけようとするダランベールの議論は、やはり党派性を帯びた論争的な言説と言える。

哲学的仮説の域を越えた万有引力の法則

なお、右の引用の末尾でダランベールが言及している天文学に関する自著とは、項目「引力」を含む『百科全書』第一巻が出版された一七五一年には準備中だった『世界体系に関するさまざまな重要な問題の探究』（一七五四―五六年）を指している。同書の序論でダランベールは、次のように述べている。天体運動の真の原因がわかったと胸を張れるのは、天文現象の原因が生むはずの結果を算出してみて、その計算結果が観察結果と一致するのを示せた時だが、そうして明らかになった原理から導き出される幾何学的結論は、観察だけでは知るのに長い時間がかかる隠れた天文現象を発見・予測するのに役立つはずだ。[5]

ダランベールはこのように、引力のような仮説的原理に基づく計算によって、既知の天文現象だけでなく未知の現象も発見・予測できる物理天文学の効用を説いている。彼は、古代から経験的に観察されてきた天体の運行という自然現象を純粋な力学法則の問題に還元して計算可能にした数理物理学の近代哲学への貢献を強調する。[6] むろん、ここには当時のフランスの数理物理学の第一人者としてのダランベールの自負が窺える。

ダランベールは、『世界のシステムに関するさまざまな重要な問題の探究』の序論の中で、かつては天文現象を説明する有力な仮説とされたデカルトの渦動説がニュートンの引力説に取って代わられた歴史的な経緯に次のように触れている。

> デカルトは、世界の体系をかなり入念に幅広く論じたまさに最初の人物である。この偉大な哲学者は、天文学的観察や力学や幾何学がいまだに非常に不完全であった時代に天体の運動を説明するのに、渦動という巧妙で名高い仮説を思いついた。だが、渦動説は、一見さまざまな現象と大雑把には合致するように思えても、それらの現象の細部にわたる深い検討によって、成り立たないことがわかった。ニュートンが渦動説を万有引力の仮説で置き換えざるをえなくなったのはそのためである。万有引力の仮説は、どれほど微妙で特異な天文学的観察とも見事に一致したため、彼の手中で仮説ではなくなったと言っても過言ではない。[7]

さらにダランベールは、ニュートンの万有引力の法則に対する反論の重要な論拠とされた月の軌道の不規則性について、月は太陽と地球の双方の引力の影響を受けているのであり、地球から受ける引力が月の運行の不規則性の原因であるとしている。[8]

ダランベールによれば、ニュートンは、月が太陽に及ぼす引力の結果を正確に計算する必要を感じたが、これらの計算ほどニュートンの体系に権威を与えるものはない。ただし、最高の確実性のレベルに達するには正確なだけでは充分ではなく、確実な幾何学的仮定に基づいていなければならない。また、計算と現象は、月の運行のあらゆる不規則性に関しても合致しなければならない。それらの中に、ただひとつでも観察が計算を裏切るケースがあれば、ニュートン理論を崩壊させ、分析によって破壊された数多くの想像の体系と同類になってしまうからだ[9]。

現代の自然科学においても、極端に言えば、科学理論とは、想定された原理に基づく計算や予想が自然現象や実験結果と一致し、有力な反証が提出されない限り、ある時代の科学者の共同体において有効とされる共通了解にすぎない。このように、現代の科学理論も、精密度の違いこそあれ、想定されたある原理に基づいて自然現象の法則性を説明する暫定的な仮説の域を出ないという点では、ニュートンの時代と実はそれほど変わらないのである。

科学のパラダイム転換に自ら加担するダランベール

よく知られるように、科学史家のトーマス・クーンは、ある時代の科学者集団に規範的な影響を及ぼす科学研究を「パラダイム」と命名した。クーンによれば、ある科学的業績が、「(一) 他の対立競合する科学研究活動を棄てて、それを支持しようとするとくに熱心なグループを集めるほど、前例のないユニークさを持って」おり、「(二) その業績を中心として再構成された研究グループに解決すべきあらゆる種類の問題を提示」する時、その業績はパラダイムと呼ばれるに値する。一九世紀初めに科学の教科書が普及する以前は、アリストテレスの『自然学』やニュートンの『プリンキピア』や

『光学』といった古典がパラダイムの役割を果たしていた。[10]

このクーンによるパラダイムの定義を踏まえれば、一八世紀前半から中葉のパリ王立科学アカデミーを中心としたフランスの物理学・天文学の世界においてデカルトの渦動説が急速にニュートンの引力説に取って代わられた歴史的なプロセスこそは、まさに科学的な新旧パラダイムの同時代的な競合と漸次的な交代を典型的に示す事例と言えよう。この新旧パラダイムの交代のおもしろいところは、一八世紀の半ば、たとえば、『百科全書』の第一巻が刊行された一七五一年の段階に至っても、世紀前半にアリストテレス哲学に代わるパラダイムとして華々しく登場したデカルト主義が、新パラダイムたるニュートン主義の事実上の制覇にもかかわらず、アカデミー内においてさえ命脈を保っており、両陣営間の論争にいまだに決着がついていなかったという事実である。このことは、パラダイムとしての優劣をめぐる科学論争が、しばしば科学理論としての真偽だけでは割り切れない人間集団としての党派対立でもあることを物語っているとは言えないだろうか。

この点に関して、一七世紀以前の科学にはパラダイムや科学革命は存在しなかったというクーンの指摘は注目に値する。クーンによれば、あるパラダイムから別のパラダイムへの移行によって起こる科学革命は、成熟した科学の発展の規範的なモデルである。しかし、このプロセスは、ニュートン以前の時期の科学には見られなかった。クーンは、たとえば光線理論の歴史を振り返り、古代から一七世紀に至るまで、光線に関して、一般に受け入れられた単一の理論は存在せず、複数の学派が競合していたと述べている。彼らの多くはエピクロスやアリストテレスやプラトンの理論の変形した特定の理論を採用していたというのだ。[11]

デカルトの渦動説とニュートンの引力説の理論対立も、複数の学派、複数の見解の競合という点では、この一七世紀以前の光線理論の混沌とした状況を彷彿させるが、近代科学を代表する規範的な理論のひとつとなったニュートンの引力説とデカルトの渦動説の間には決定的な違いがある。それは、ダランベールが指摘するように、デカルトの渦動説が天文現象の大雑把な説明原理としてしか有効でないのに対し、ニュートンの引力説は、引力の存在を想定した諸々の計算結果が、経験的に観察される天体の運行などの天文現象とことごとく正確に一致するという点だ。両者を分けるものは、科学理論のレベルに達しない哲学的な仮説と、計算や経験による検証にも堪える科学的な仮説の違いと言える。実際に『百科全書』の項目「引力」におけるダランベールの主張は、観察と計算結果との一致が示す合理的・経験的な妥当性を根拠として、ニュートンの引力説を、デカルトの渦動説とは水準の異なる「正当な」科学理論として印象づけようとするものである。

ダランベールは、『百科全書』の項目「引力」で参照指示されている「デカルト主義」、「重力」、「渦動」といった関連項目でもデカルトの渦動説とニュートンの引力説の長短を比較考量し、後者に軍配を上げている。たとえば、項目「デカルト主義」では、ペストレ神父による項目に哲学的なコメントを加筆する形で、フランスでデカルト主義が徐々にニュートン主義に取って代わられた歴史的経緯について、以下のように触れている。

とうとうこの哲学〔デカルト哲学〕はフランスで受け入れられたが、その頃には既にニュートンが、デカルト哲学は受け入れがたいものであることを証明してしまっていた。にもかかわらず、

> フランスの大学とアカデミーはデカルト哲学に固執さえした。フランスにニュートン主義者が現れたのは、約一八年前からにすぎない。もしもこれが災いであるならば（というのもそう考える人たちがいるので）、この災いは驚くほどの侵食ぶりを見せた。フランスのすべてのアカデミーはニュートン主義の立場を取り、パリ大学の教授には公然とイギリス哲学を講じる者もいる。項目「引力」を見よ。デカルトおよびデカルト主義者については『百科全書』序論を参照せよ。［……］偏見と無知に戦いを挑んだこの哲学者が被った迫害は、同じ勇気を持ち、同じ苦難を味わう者たちにとって慰めになるだろう。デカルトは今日、この同じ祖国で尊敬されているが、今生きていたら、オランダにいるよりも不幸であっただろう。[12]

ダランベールは、項目「デカルト主義」の冒頭で科学がデカルトに負う恩義とデカルトが陥った誤謬を明確に区別するペストレ神父の言葉を継ぐように、項目末尾でも、フォントネルの言葉を引用しながらデカルト主義は敬して遠ざけるべきだと結論づけている。

『百科全書』の項目「引力」や「デカルト主義」に見られるダランベールの一連の議論は、時代遅れの御用学説となりつつあったデカルト主義に対し、一八世紀前半のフランスで急速に支持を拡大したニュートン主義を擁護するものであった。科学理論としてのニュートン主義の正当性を読者に訴えかけようとするダランベールの哲学的コメントは、ニュートン主義の受容が遅れたフランスにおいて当時まさに進行中であったパラダイム転換を後押しする「戦闘的」な介入であったと言えよう。

おわりに

『百科全書』と世界の解読

項目「百科全書」でも確認したように、『百科全書』で編纂者のディドロらが試みたことは、地球上に存在する過去から現在のあらゆる学芸の分野の人間知識を収集・分類・記述することであった。それは、見方を変えれば、自然の森羅万象から、人間社会の制度・文明までを含む、広い意味での「世界」を解読し、言葉とイメージで写し取る作業そのものでもあった。

一六世紀の大航海時代以来、フランスを含むヨーロッパが探検、通商、布教、植民地支配などを通じて交流をもつようになった南北アメリカ大陸、アフリカ、東西両インド、アジアなど非ヨーロッパ文明圏の「発見」は、既知の「世界」を空間的に拡大した。そして、非ヨーロッパ圏の国々の風土、動植物相、文物、制度、慣習などに関する膨大な量の知識は、一七世紀以来の急速な科学技術と産業技術の発展を受けた新しい科学的発見や技芸・工芸の技術の進歩とともに、百科事典が定義・記述すべき語彙と知識を飛躍的に増大させた。博物学、自然学、歴史、地理学、技芸、商業などの分野を典型とする『百科全書』の諸項目には、こうして日々止まることなく拡大・増大しつつあった「世界」のすべてを言葉に定着させ、知識として分類・整理しようとする飽くことなき執念が感じられる。

フランス語の単語「ユニヴェール univers」には、大別すると宇宙と世界という二つの意味があるが、前者の意味は自然界の全体、後者の意味は人間社会の総体にそれぞれ対応すると言ってよいだろう。この単語「ユニヴェール」の両義性も踏まえると、『百科全書』の刊行計画とは、まさに自然界と人間社会を包含する「世界」の網羅的な解読と記述という人類の見果てぬ夢の実現を目指した、実に気宇壮大な知的プロジェクトであったことがわかるだろう。

ディドロやダランベールが抱いたこの崇高な初志に比して、実際に刊行された『百科全書』の各巻の内容は、ディドロ自身も嘆いたように玉石混淆であった。また、「趣意書」や「序文」で「人間知識の体系図解」として理想化された系統的な学芸の分類と実際の項目分類との間には必ずしも一貫性がなく、当初構想された項目間の参照指示のネットワークも二度目の刊行中断を挟んだ第八巻以降はとくに機能しなくなるなど、鳴り物入りの世紀の出版プロジェクトにしては竜頭蛇尾に終わった観は否めない。しかし、『百科全書』の刊行計画は集団的なプロジェクトである以上、こうした足並の不調和や方針の不統一は、当初から予想できたことでもある。アカデミーの現役会員のように学芸の各分野の権威から無名のアマチュアや文士まで、学識、教養、階級、イデオロギー、宗教的信条、能力、熱意もてんでばらばらな執筆協力者たちの全員に均一かつ質が高い貢献と編纂方針の貫徹を求めるのは土台無理な話だからだ。

さらに、二度にわたる刊行中断によって、共同編纂者のダランベールを含め、編纂・執筆から手を引く協力者が続出した。その後も匿名で地下に潜行して項目の提供を続ける有志の協力者もいたとはいえ、第八巻から第一七巻には、ディドロとシュヴァリエ・ド・ジョクールら残された中心メンバーの信じがたい自己犠牲の代償として、他の文献からの引き写しや要約を頼みとした「粗製濫造」の観も見られる。

しかし、同時代のあらゆる学芸分野の専門家から作家、版画家、情報提供者までを動員して「世界」の解読と記述に集団で取り組み、検閲や反対勢力の妨害による度々の中断の危機にもかかわらず、本文一七巻、図版一一巻からなる大百科事典の完成に漕ぎ着けたディドロと協力者たちの偉業に比べれば、こうした欠点は瑕瑾《かきん》にすぎないとも言える。理性をはじめとする人間の諸能力を物差しにして世界の解読と記述を目指した『百科全書』の企図は、不完全な部分もあったとはいえ、出版事業として商業的にはフランス国内にとどまらずヨーロッパレベルで成功をおさめ、辞書の歴史のみならず、世界の歴史にも不滅の名声を残したのだから。

『百科全書』は世界を変えたのか?——書物と世論をつなぐ談話の力

かつての一八世紀研究においては、啓蒙思想あるいは『百科全書』がフランス革命を準備したといった言い方が、よくされたものである。

二〇世紀前半に活躍した文学史家ダニエル・モルネの古典的名著『フランス革命の知的起源』(一九三三年)は、啓蒙思想をフランス革命の知的原因と見るこうした啓蒙観の定着に決定的な役割を演じた。しかし、社会史家ロジェ・シャルチエは、啓蒙思想が政治行動に先行する形でフランス革命の知的土壌を醸成したという、このモルネの啓蒙観を疑問視している。シャルチエの要約と指摘によれば、モルネは新思想が市民社会の公論に浸透していくプロセスの三つの原則を前提しているという。

モルネの主張の要点を本人の原著よりはるかに明解に捉えているシャルチエによるモルネ理論の要約を以下に引用してみよう。

つまり、まず第一に、新思想は、「きわめて教養のある階層からブルジョワ、プチ・ブルジョワ、そして民衆」へと、社会的階梯を下降する。第二に、それは、中心（つまりパリ）から周縁（地方）へと浸透する。第三に、新思想の浸透は一八世紀をとおして加速する。一七五〇年以前の、少数の人びとによる新思想の先取りに、新思想を流通させる、決定的な、世紀なかばの闘争がつづき、そして一七七〇年以後は、新しい原理の伝播が普遍的なものとなる、というように。この三つの法則から、モルネの著作の基礎に横たわる主張がでてくる。つまり、「フランス革命をひきおこしたのは、部分的には、思想である」というのである。こうしてモルネは、たとえ政治的原因の重要性、さらにはその最優位性を否定しないにしろ、批判的であるとともに改革を志向する啓蒙思想を、旧王政の最後の危機が革命に転化するための必要条件だ、と主張するのである。つまり、「フランス革命をひきおこすためには、すくなくともあれほど急激にフランス革命をひきおこすためには、政治的原因のみではおそらくは十分ではなかったであろう。知性こそが、その結果をひきだし、準備したのだ[1]」。

一八世紀後半のフランス社会において、識字率はきわめて低く、読者層も依然としてほぼブルジョワジーか貴族・聖職者のエリート知識層に限られていた上に、検閲制度が存在し、体制に都合が悪い書物が発禁・焚書の処分を受けたり、著者が逮捕・収監されることも稀ではなかった。書物の形で刊行された思想言論が、民衆を主体とする政治行動としての革命を直接引き起こすほどの影響力を持ったと考えるのは、やはり短絡的というものだろう。その一方で、フランス革命によって王政とアンシャン・レジームの封建的諸特権が廃止され、フランス史上初めて実現した共和政の下で、啓蒙主義者たちが希求した自由、平等、友愛といった概念が、憲法に採り入れられることで、ただの抽象的な観念や美辞麗句ではなく、当初は形式的であったにせよ法的実質を伴った市民の権利として確立されたのも、また動かしようのない歴史の真実である。

啓蒙思想がフランス革命の起源であるという古典的な啓蒙観と同様に、『百科全書』が世界を変えたという考えも、ひとつの幻想、そして願望にすぎないのかもしれない。急進的な啓蒙思想が政治活動に直接影響を与えたと考える先述のジョナサン・イスラエルの議論もあるが、フランス革命によるアンシャン・レジームの終焉を直接引き起こしたものは、やはり、農民を中心とする平民だけが納税負担を負う不平等な身分制社会の下で、戦費に起因する慢性的財政難に伴う重税などに不満を募らせたブルジョワジーや民衆による政治活動と武力行使であるからだ。だが、書物から新聞、雑誌、パンフレットまでを含めた出版メディア上の議論やサロン、読書クラブ、カフェなどの公共空間での討論を通じて、たとえば、リベラルな貴族層とブルジョワジーからなる革命期の政治活動家たちおよび知識層のイデオロギー形成に啓蒙思想が与えた影響力はやはり絶大なものがあっただろう。こうしたブルジョワジーを主体とする知識層は、『百科全書』の予約購読者層とも重なりを見せている。

啓蒙思想の社会的浸透の動的プロセスの実相を把握するのは社会史など歴史研究をもってしても困

難だが、百科全書派のネッケルに宛ててディドロ自らが送った書簡の以下の文面は大変に示唆に富んでいる。ネッケルは、財務総監として小麦取引を自由化した重農主義者テュルゴーの政策を批判した著書『立法と穀物取引についての試論』を出版したばかりであった。

良きにつけ悪しきにつけどれほどの力を持つかあなたがご存知のあの世論という原動力も、初めはものを考えてから話し、社会のさまざまな場所に教育の中心地を弛みなく築く少数の人間が生む結果にすぎません。そこから発した合理的な誤謬や真理がじわじわと町の最果てにまで達すると、信仰箇条のように定着するのです。そこでは、我々の言葉の装いは何もかも消え失せ、最後の一言しか残りません。我々の著作は市民の一部の階級にしか働きかけませんが、我々の言葉はあらゆる階層に働きかけるのです。

（ディドロ、ネッケル宛書簡、一七七五年六月一〇日）[2]

ここには、百科全書派のフィロゾフや作家による啓蒙思想が、書物という形では知識層のエリート市民にしか届かなくても、彼らが主催し出入りする都市の読書クラブやサークル、あるいはカフェなどでの討論や会話を媒介とした談話（ディスクール）として市民の広い階層に浸透し、しまいには言葉としての原形を留めない噂、断片的なスローガンと化して町の周縁部にまで伝播していく様子が見事に描かれている。ディドロは著作に表現されたフィロゾフの真意を理解できるのはフィロゾフ仲間やインテリ層に限られるという趣旨で述べているのだが、図らずも、ディドロが描き出す書物の社会的受容のプロセスは、少数のインテリ層の市民が書物から吸収した啓蒙思想が談話の「発酵作用」によって徐々に読書の習慣を持たない階層にまで浸透し、たとえば革命の直接行動を煽る政治的なアジテーションへと変貌していく様子すら想像させるリアリティーに富んでいる。

革命前夜のフランス社会における書物と談話の連携リレーによる世論の形成プロセスを明かすディドロの証言からもわかるように、『百科全書』について語るのに必ずしも『百科全書』を読んでいる必要はなかった。たとえ『百科全書』の実物に触れたことがなくても、新聞、雑誌、パンフレット、世論が日々喧伝する百科全書派の新思想や、自由、平等といったその理念に文章もしくは口頭の議論で触れたことがある人間の数は、実際に書物を購入して読んだ人間の数をはるかに上回ったはずだからだ。耳学問や受け売りによる「知ったかぶり」のメディアとしての浸透力とそれなりの文化的役割をなめてはいけない。印刷文化を担うのが都市部を中心とした少数のエリート層に限られ、民衆の間では口承文化がいまだに息づいていた一八世紀なら、なおのことである。

図22　1686年に開店したパリ最古の文学カフェ「プロコープ」で会話を楽しむ男女の市民たち。ルイ＝アナターズ・デ・バルブ・ド・ベルトン・クリヨン『＊＊＊男爵の哲学的回想』（1777–78年）の挿絵。版画に添えられた「新哲学の確立。とあるカフェが我らの揺籃となった」とのキャプションは、啓蒙の哲学とカフェ文化の密接なつながりを示している（ウェルカム・ライブラリー所蔵）。

以上の理由から、革命運動を理論的に指導する役目を担った特権階級やブルジョワジーのエリート層が、自分たちの利害や政治的立場を理念によって正当化する必要上、『百科全書』そのもの、ないし百科全書派の言論から一定の影響を受けたと見なすことは許されるだろう。そして、討論、会話から噂までを含む談話の「発酵作用」の力を考えると、当時のオピニオン・リーダーである少数の知識層が『百科全書』の影響を受けたということは、たとえ断片的で歪んだ形であろうとも、『百科全書』の知識や理想が世論の形成を末端で担う民衆にまで伝わった可能性は高い。

いつの時代も思想言論の社会的影響は無形である以上、『百科全書』がフランスおよび世界に及ぼした影響力を客観的・具体的に計ることも難しいと言わざるをえない。だが、ともかく、『百科全書』に集約された啓蒙思想と、人間中心に再編成された、あらゆる学芸の分野にわたる人間知識とが、やがて革命によって劇的に生まれ変わることになるフランス旧社会の中で胎動していた地滑り的な世界観の地殻変動の貴重な証言と記録となっているのは明らかだろう。『百科全書』は、変わりつつある世界を言葉で記述した書物であるとともに、さまざまな項目に反映された啓蒙思想の普遍的な価値観によって、その後の人類の歴史と世界観にも多大な影響を与えた書物と言える。また、だからこそ、『百科全書』は啓蒙思想を象徴する書物として後世に記憶されることとなったのだろう。その意味でもやはり、「世界を変えた書物」なのである。

『百科全書』とウィキペディア、そして百科事典の未来

日本では、紙の書籍としての百科事典の売上が、近年長らく低迷の一途を辿っている。百科事典の危機はもはや世界的な趨勢で、二〇一二年には、一七六八年の初版から数えて二四四年の歴史を誇ったあの『ブリタニカ百科事典』が第一五版をもって書籍版の刊行・発売を終了するというショッキン

グなニュースが駆けめぐった。日本でも、現在書籍版の百科事典の刊行を辛うじて継続しているのは、二〇〇七年に平凡社が老舗としての良心と威信にかけて「改訂新版」を出版した『世界大百科事典』のみである。書籍版の百科事典の衰退の背景としては高度経済成長の終焉、バブル経済の崩壊、社会全体の急速なＩＴ化に伴う出版不況の長期化などが指摘されているが、[3] 一九九〇年代後半から二〇〇〇年代にかけてパソコンや携帯電話が家庭に爆発的に普及し、一般人がインターネット上で何でも無料で調べられるようになったこと、中でもインターネット百科事典ウィキペディアの登場と発展が追い打ちをかけたことは言うまでもない。

二〇一九年七月二四日現在、ウィキペディアは総項目数が英語版で約四八一九万四三五三、日本語版で約三四三万八四三九（「全言語版の統計」による）[4]を数え、情報量だけなら、総項目数が約七万一八一八にすぎない『百科全書』をはるかに凌駕している。しかも、『百科全書』をルーツとする書籍版の百科事典は大型の判型で巻数が多く物理的に書棚のスペースを取るのに対し、電子百科事典のウィキペディアはパソコンか携帯端末さえあれば閲覧でき、データはインターネット上のサーバーで管理されているので持ち運ぶ必要さえない。また、ウィキペディアには世界各国語版があるので、同じ項目を英語やフランス語など複数言語で参照できれば、ある事柄についてかなり精度の高い情報を手に入れられる。さらに、最新の事件・出来事や物故者などに関するニュースも即時反映されるなど、ウィキペディアは記事更新のスピードの驚異的な速さという点でも、改訂に十年単位で時間がかかる書籍版の百科事典を圧倒している。

そんなウィキペディアの最大の特徴は、特定の分野の専門家ではない一般人が項目を執筆・編集でき、それを世界中のインターネット・ユーザーが原則として無料で閲覧できるという、きわめて開かれた運営方針にある。ある面で、このことが知の民主化に果たしている役割は決して小さくない。世界には、マスメディアや出版社が政府の言論統制下に置かれ、国民がインターネットでしか国内外の政治経済情勢について客観的な情報を得られない国々や、貧困や地理的条件のせいで図書館や書物へのアクセスそのものが困難な地域も多いからだ。

一方で、ウィキペディアの記事には裏付けを欠いた不正確な情報、誹謗中傷やいわゆるフェイクニュースなど意図的に操作された情報も紛れている可能性がある。また、政治的立場などが対立する複数の編集者（執筆者）の競合によるトラブルも頻発するなど、ニュースソースの客観性に関しては数々の問題点が指摘されている。もっとも、二〇〇五年に『ネイチャー』誌に掲載された研究によると、科学を話題にした四二項目に関して専門家が調査したところ、オンライン版の『ブリタニカ百科事典』には誤りが一二三個あったのに対し、ウィキペディアの誤りは一六二個と若干多かったものの、間違いの数に関しては、専門事典とウィキペディアとの間に当初予想されたほどの開きは見られなかったという。[5] イギリスの歴史学者ピーター・バークが著書『知識の社会史2　百科全書からウィキペディアまで』で紹介しているこの皮肉な事実は、たとえ専門事典であれ、人間が書いたものである以上、間違いのない辞書はないことを示すとともに、何をもって「学問的権威」と呼ぶのか、という難しい問いを私たちに突きつける。

しかし、こうした事実を謙虚に受け止めた上でなお、従来の百科事典とウィキペディアとの間に残る決定的な違いがある。それは責任編集制ないし責任執筆制を採っているかどうかだ。『百科全書』

は、啓蒙主義を筆頭とする著しいイデオロギー的偏向や匿名による項目の寄稿も見られるとはいえ、原則としてディドロとダランベールの両名による責任編集制、学芸の各分野の権威者・専門家による責任執筆制を採っており、項目の典拠として利用された重要文献の多くが参照指示されるなど、内容の学術的な客観性と情報源の公開への配慮が当時としては最大限になされている。

もっとも、学者など専門家が実名で執筆し、項目の内容に対して責任を負う責任執筆制はともすれば権威主義とも受け取られかねず、ウィキペディアがアマチュアの市民に項目を執筆させることで打破しようとしたことのひとつは、まさにそうした学術的な権威主義であったと見ることもできる。その意味では、学芸の各分野の第一人者や専門家を総動員した『百科全書』こそ、まさに権威主義的な百科事典の原点であり、アマチュア市民による編纂と執筆を積極的に認めるウィキペディアの民主的な性格の対極にある。

しかし、項目の執筆内容に対し学術的・倫理的な責任を問える最終的な根拠としてそれに代わる名案が存在しない以上、権威者による責任執筆制は、いまだに誰もが納得できる辞書編纂の形とも言える。とくに身銭を切って高価な百科事典を購入する読者や、学術的な論文・レポートの作成を目的に百科事典を引く読者にとって、誰がどういう資格でこの項目を書いたのかというのは切実な問題であろう。書かれた内容に信憑性があるかどうかを検討する手がかりとして、どれほど多くの証人や証言があるかと並んで、それを書いた人物の信用としての本来の意味での「権威」が重みを持つことは、『百科全書』の項目「事実」でディドロが力説していたことである。誰がどういう立場から発言しているのかを見極める習慣は、いわゆるステルス・マーケティングから都市伝説からヘイトスピーチまでを含む誤謬や虚偽や悪意に満ちた無責任な言葉が横行するネット社会で騙されないために必要な情報リテラシーの基本でもある。

責任執筆制をとる『百科全書』にはウィキペディアに比べ、知の民主化という点で不徹底な部分があることは否めない。むろん、「文人の共同体」からなる『百科全書』の執筆陣に一般市民が自由に参加することなど考えられないことであった。しかし、アカデミーや大学の権威者以外の民間人を多く含む社会のあらゆる職業身分の専門家に幅広く項目執筆や情報提供の依頼を行なっている点では、『百科全書』の編纂方針が、当時としては驚くほど民主的で開かれたものであったことがわかるだろう。

このように、同じ百科事典でありながら成り立ちがまるで対照的なウィキペディアと『百科全書』を比較すればするほど、知識の民主化と情報の信頼性とを両立することがいかに難しいかを思い知らされる。この課題の解決は、今後ＡＩ技術の急速な発達が引き起こすことが予想される情報革命においても重要な鍵のひとつを握ることになるだろう。時代の岐路に立つ我々にできることは、これまで二律背反とみなされてきた紙媒体の百科事典とオンライン百科事典のそれぞれの長所を生かした、民主的でありながら信頼性も高い百科事典の実現に期待を託すことであろう。

やがてはＡＩ技術の本格的な進歩によって、たとえばウィキペディアを含む無料インターネット百科事典の出典などを自動で割り出し、記事の真偽を判定できる便利な時代も来るのかもしれない。しかし、資本主義社会においては情報も商品である以上、映画や音楽や小説などの芸術作品と同様に、質が高い最新の一次情報は、本来有料でしか手に入らないはずだ。ネットニュースひとつをとっても明らかなように、インターネット上で手軽に検索できる情報の多くは、出所がはっきりした一次情報や一次資料の焼き直しであり、それ自体としての生産性に欠ける。そして、芸術家の創作活動や専門家の知的生産の賜物である作品や書物が商品として市場を賑わせ、たとえば音楽業界や出版業界の活況を支えることは、綺麗事ではなく、長い目で見た一国の文化の健全な発展に欠かせない。

現在では、かつて書籍版として刊行されていた名だたる百科事典がインターネット上でオンライン版として有料で公開され、複数の百科事典を横断的に検索できる「ジャパンナレッジ」のようなデータベース・サービスも大学や公共の図書館で次々と導入されている。こうした有料のオンライン版百科事典は、『百科全書』をルーツとする書籍版百科事典の学術的な信頼性とインターネット百科事典の容易な検索性とを兼ね備えている上、商品としてビジネスベースにも乗る点で、現状においては百科事典の衰退に歯止めをかける救世主と言えるのかもしれない。

『百科全書』研究の今

ここまで、『百科全書』はどのように書かれどう読まれて来たのか、『百科全書』には辞書としてどのような特色があり、そのさまざまな項目で世界や事物や概念はどう定義・記述されているのか、といった書物としての成り立ちを中心に『百科全書』の内容と世界観を紹介して来た。それは多分に「世界を読み解く一冊の本」というシリーズ企画のタイトルの要請に応えるための選択であった。しかし、『百科全書』の歴史には、一般読者によって辞書や書物として読まれて来た受容史だけでなく、フランス文学や啓蒙思想など幅広い専門を持つ世界中の研究者によって研究資料として読み解かれて来た研究史も含まれる。これは小説などにも言えることだろうが、一時代の思想的ムーブメントとして世界を動かした啓蒙主義と密接に結びついた『百科全書』についてはとくに、研究史を抜きに書物としての評価は考えられないからだ。また、本書をきっかけに『百科全書』研究の世界に興味を抱く読者の皆さんもいるかもしれない。そこで以下では、現代の『百科全書』研究の主な歴史的な流れから（二〇一九年現在における）『百科全書』研究の最先端の現状までを簡単に紹介したい。

一九世紀末以降、作家研究の伝統が強かったフランス文学・思想研究の流れの中で、『百科全書』は啓蒙思想の象徴という歴史的な評価を与えられながら、文学性に乏しい辞書というイメージも手伝って、たとえば、ディドロをはじめとする百科全書派の啓蒙思想家の個人的な思想の「形成」を証拠立てるための補助資料として位置づけられることが多かった。

『百科全書』という巨大な集団的著作が実際に誰、あるいはどのような社会集団によって、どのような資料を用いて書かれたのか、といった問題意識に立った『百科全書』の専門研究が本格化したのは、やはり、一九六〇―七〇年代を中心にフランスではジャック・プルースト（『ディドロと百科全書』一九六二年）が、イギリスではジョン・ラフ（『百科全書』一九七一年）が問題意識を共有しながら展開した包括的な実証研究の功績によるところが大きい。プルーストとラフの研究により、ディドロをはじめとする、『百科全書』の編纂者を示す星印（アステリスク・マーク）がついた項目や無署名項目の実際の執筆者の認定や、執筆に用いられた典拠資料の特定も急速に進み、『百科全書』という著作の編纂・執筆過程の全貌が徐々に明らかになっていった。

一九七〇年代から八〇年代にかけてアメリカのシュワッブとレックスが行なった『百科全書』本文

および図版の目録化作業は、一見地味ながら、『百科全書』の全巻を項目単位の情報に分割して通し番号を振り、たとえば本文であれば、見出し語、分類項目名、執筆者名、項目の長さ、研究上の参照文献など、『百科全書』の詳細な書誌情報にアクセスできるガイドマップを研究者に提供した点で画期的だった。

一方、アメリカのロバート・ダーントンは、スイス・ヌーシャテルで発掘した手稿など大量の歴史資料に基づいて、フランス革命前後のフランスとヨーロッパで『百科全書』のさまざまな版が書店や出版メディアによって、どのような具体的プロセスを経て商品として販売・頒布されたのかを明らかにした『啓蒙のビジネス――百科全書の出版史一七七五―一八〇〇年』（一九七九年）によって、『百科全書』研究に社会史・文化史という新たな視座をもたらした。

一九八六年にフランス本国でディドロ研究家のジャック・シュイエ、アンヌ＝マリ・シュイエ夫妻によって創刊された研究誌『ディドロと百科全書に関する研究』は、フランスと世界中の『百科全書』研究者およびディドロ・一八世紀研究者に、国際的に開かれた最先端の研究公開と情報交換の場を提供した。

『ディドロと百科全書に関する研究』誌に毎号発表される研究の蓄積が十年を超えた二〇世紀末頃から、『百科全書』は新たなステージに入った。ジャック・プルーストの弟子で、同誌の責任者を長年務めて来たマリ・レカ＝ツィオミスは『百科全書を書く』（一九九九年）で、『百科全書』のさまざまな語彙の定義・記述を担当したディドロが、チェンバーズ百科事典やトレヴー辞典など先行辞典類を典拠として利用しながら、いかに語彙記述（レキシコグラフィー）を通じて独自の哲学的な発想とボキャブラリーを鍛え上げたかを明らかにし、『百科全書』研究に典拠研究の新境地を開いた。ダランベール研究の第一人者で現行ダランベール全集の編纂者イレーヌ・パスロンやアレクサンドル・ギルボーによるダランベールの執筆項目に関する研究、アラン・チェルヌスキ（『『百科全書』の音楽について考察する』二〇〇〇年）による音楽項目の研究をはじめとして、『百科全書』の個々の執筆者や分類項目（学問分野）を単位とした研究が近年はますます盛んになり、専門化が急速に進行している。

日本でも、いずれもディドロ研究者の鷲見洋一、次いで逸見龍生を代表とする研究チームによって、『百科全書』の典拠文献の共同研究が二〇一二年に開始され、明示的な典拠（項目本文中で言及・参照指示がされている文献）のデータベース化が着々と進展を見せており、フランスの電子版『百科全書』プロジェクトENCCRE（後述）との連携による『百科全書』研究への国際的な貢献が期待されている。

電子化プロジェクトと研究の未来

一九九〇年代後半以降のインターネットの爆発的な普及とともに、『百科全書』の電子化が試みられるようになった。先鞭をつけたのはアメリカのシカゴ大学とフランスの国立科学研究センターの共同研究によるARTFLプロジェクトである。シカゴ大学の同プロジェクトのインターネット・サイトで公開されている電子版『百科全書』は強力なサーチ・エンジンを備えており、『百科全書』の本文・図版の全巻および「趣意書」、「序文」、「緒言」、扉絵など関連資料に容易にアクセスすることができる。電子テキストの読み取り精度などにはやや問題があるとされてきたが、『百科全書』パリ版

（初版）を電子テキストと写真のＰＤＦ画像の両方で読むことができる上、キーワード検索をかけたり、項目内のハイパーリンクをクリックして参照指示先の別の項目へ移動するなど、インターネットの利点を活かしたハイレベルな電子化を達成しており、現状では包括性と実用性において一日の長を見せている。

一方、近年フランスでもプロジェクトＥＮＣＣＲＥによる電子版『百科全書』のインターネット・サイトの構築が急ピッチで進んでいる。シカゴ大学の電子版『百科全書』は、学生をはじめとする一般ユーザーを対象とした公開を主な目的としている。これに対し、ＥＮＣＣＲＥによる電子版『百科全書』は、電子テキストと写真で本文・図版の全巻にアクセスし、執筆者、単語などのキーワードによる検索をかけられるのはもちろんだが、項目本文の注釈や、項目を対象とした研究論文の紹介など研究情報の充実を図り、世界中の研究者に注釈など批評校定作業への参加を呼びかけるなど、主として大学の研究者による使用を想定している点に違いが見られる。いずれにしても、最も信用を置ける版とされる『百科全書』パリ版（初版）に基づいた二種類の電子版『百科全書』の閲覧がインターネット上で可能になったことは、『百科全書』研究の将来の発展を考える上で大変に喜ばしいことである。

なお、今後はＡＩ（人工知能）のテクノロジーの急速な発達が予想される。『百科全書』本文、典拠として利用された辞典類・著作、項目執筆者の個人著作などからなる膨大な量の文章データのコンピューター解析によって執筆者ごとの文体的特徴を割り出し、長年培った知識や経験に頼った人間による認定では限界もあった『百科全書』の無署名項目の執筆者の特定や、本文中に埋め込まれた非明示的な（言及や参照指示を伴わない）引用の出典の特定にＡＩの技術が力を発揮する時代も来るかもしれない。それが、決して人間による研究に対する脅威にはならず、いわば役割分担によって人間による研究をサポートすることで、『百科全書』の本文研究の効率化と一層の充実を約束することを期待したい。その暁には、『百科全書』研究も、更に新たなステージを迎えていることだろう。

日本語で読める『百科全書』入門ブックガイド

本書を読んで『百科全書』についてさらに知りたいと思われた読者の皆さんのために、『百科全書』や啓蒙思想をテーマとした、日本語で読める本を以下にご紹介したい。なお、現在では品切れ等の扱いになっている本も含まれるが、図書館での閲覧や古書としての購入が可能なものは多いので、その点をあらかじめご理解いただきたい。

『百科全書』の翻訳

一　ディドロ、ダランベール編『百科全書――序論および代表項目』桑原武夫訳編、岩波文庫、一九七一年。

『百科全書』の代表的な項目（「哲学」、「体系」、「自然状態」、「自然法」、「政治的権威」、「主権者」、「親権」、「平和」、「マニファクチュール」、「奢侈」、「力学」、「技術」、「慣習」、「インタレスチング」、「美」）をダランベールによる序論や「人間知識の系統図（体系図解）」とともに訳出し、注・解説を加えた本書は、京都大学人文科学研究所の共同研究による訳業の成果としても名高い。まずは『百科全書』の項日本文を実際に読んでみたいという読者におすすめである。

二　D・ディドロ『ディドロ著作集　第2巻　哲学Ⅱ』小場瀬卓三・平岡昇監修、法政大学出版局、一九八〇年。

日本語で刊行されている唯一のディドロ著作集である。「哲学　Ⅱ」と題された第二巻には、哲学に関連するディドロの複数の著作に加え、『百科全書』を象徴する項目「百科全書」の他、ディドロが執筆した哲学史関連項目の中でも重要な項目の数々（「アグヌス・スキティクス（スキティア仔羊草）」、「折衷主義（エクレクティスム）」、「百科全書」、「ホッブズ哲学」、「人間」、「マールブランシュ哲学」、「マニ教」、「哲学者」、「ピュロン哲学（懐疑哲学）」、「スピノザ哲学」）の翻訳が注・解説とともに収められている。

三　D・ディドロ『ディドロ著作集第3巻　政治・経済』小場瀬卓三・平岡昇監修、法政学出版局、一九八九年。

政治・経済思想に関わるディドロの著作に加え、ディドロによる『百科全書』の代表的項目（「政治的権威」、「自然法」、「権力」、「勢力（国力）」、「主権者」、「アルジャン（銀・貨幣）」、「農業」、「技芸」）が注・解説とともに訳出されている。

四　D・ディドロ『ディドロ著作集第4巻　美学・美術　付・研究論集』鷲見洋一・井田尚監修、法政大学出版局、二〇一三年。

美学・美術に関するディドロの著作に加え、レオ・シュピッツァー、ジャン・スタロバンスキーら錚々たる批評家・研究者による代表的なディドロ論を日本語で読める。「美の起源と本性についての哲学的探求」（『百科全書』項目「美」）の新訳や、ジャック・プルーストによる伝説的な論文「『百科全書』から『ラモーの甥』へ」が収められている。

翻訳による『百科全書』の入門書

一　ジャック・プルースト『百科全書』平岡昇・市川慎一訳、岩波書店、一九七九年。

二〇世紀中期から後半のディドロ・『百科全書』研究を代表するジャック・プルースト自らが書き下ろした『百科全書』入門書。元々博士論文として執筆されたフランス語による浩瀚な研究書『ディドロと百科全書』とは異なり、執筆協力者の顔ぶれ、『百科全書』の企画・刊行の経緯、反百科全書派との攻防の歴史、『百科全書』を構成する学芸のさまざまな分野とそれぞれの代表的な項目の紹介などが平明ながら本格的に論じられており、『百科全書』の入門にふさわしい。

二　マドレーヌ・ピノー『百科全書』小嶋竜寿訳、白水社、文庫クセジュ、二〇一七年。

美術史の専門家で、ルーヴル美術館の素描・版画部門で長年学芸員を務めたマドレーヌ・ピノーの執筆による本書は、項目本文の引用・読解が少ないものの、『百科全書』の執筆協力者・情報提供者の詳細なリスト、『百科全書』刊行およびフランス国内・国外での再販の歴史、『百科全書』による

「剽窃・盗用」に対して諸方面から寄せられた告発などに万遍なく触れている。特に『百科全書』の図版が、実際にはパリ王立科学アカデミーによって企画された先行文献『技芸・工芸の描写』に多くを負っていたことなど一般読者があまり知らない事実や、『百科全書』の図版が科学知識の視覚化に果たした重要な役割がクローズアップされている点は特筆に値する。

『百科全書』に関連する研究書・評論

一　中川久定『啓蒙の世紀の光のもとで――ディドロと『百科全書』』岩波書店、一九九四年。

日本におけるディドロ・フランス啓蒙研究の草分けとして高名な著者の論文集である本書は、一般読者を意識した平易な記述の中にも確かな学識と長年の思索に裏打ちされた深みが感じられ、ディドロ論としても『百科全書』論としても一級の読み物になっている。ディドロ・『百科全書』研究入門としておすすめしたい。

二　市川慎一『百科全書派の世界』世界書院、一九九五年。

『百科全書』そのものに関する入門書というよりは、『百科全書』を軸として、ルソーを含む広義の百科全書派の多面的な思想と世界観を論じた著作。百科全書派の人間観、政治思想、女性論、アメリカ観、日本観、ディドロとルソーの対立、ジョクールの奴隷制批判、ビュフォンの影響、ルソーとフランス革命など、幅広いテーマについてわかりやすく紹介されている。

三　寺田元一『「編集知」の世紀――一八世紀フランスにおける「市民的公共圏」と『百科全書』』日本評論社、二〇〇三年。

百科全書派の啓蒙思想家によるオリジナルな「著作」と見なされがちであった『百科全書』を、さまざまな由来をもつ知識を加工して書物として世に送り出す「編集知」の概念を軸に読み直し、『百科全書』の「編集知」とハーバーマスが唱えた啓蒙期の「市民的公共圏」が取り結んだ関係を論じた著作。日本初の本格的な『百科全書』研究といっても過言ではない本書は、啓蒙思想が出版物だけでなくサロン、カフェ、劇場など多様なレベルで展開された歴史的実態の紹介や、『百科全書』で採用された項目間の参照指示のネットワークの分析などが興味深く、一般読者にもおすすめできる。

四　鷲見洋一『『百科全書』と世界図絵』岩波書店、二〇〇九年。

日本におけるディドロ・『百科全書』研究を牽引してきた著者が、世界像の視覚化としての「世界図絵」という概念をキーワードに、驚異的な博識で『百科全書』、記憶術、博物図鑑などに体現された巨大量の集積と知の分類への飽くなき欲望を貴重な画像資料とともに再現し、啓蒙の夢を論じた渾身の力作である。中でも『百科全書』の初版、本文、図版を論じた章は、『百科全書』の実像とその歴史的な役割を知る上で必読と言える。

五　逸見龍生・小関武史編『百科全書の時空　典拠・生成・転位』法政大学出版局、二〇一八年。

日本とフランスの『百科全書』研究グループによる国際共著として執筆された本書は、『百科全書』

がどのような参照資料の引用や書き換えに基づいて執筆・編集されたのかという、書物としての『百科全書』のいわゆる生成過程に光を当てる最新の研究成果を反映した画期的な論文集である。世界を舞台とした『百科全書』研究の最前線に触れてみたい読者におすすめしたい。

注

I 『百科全書』を編む

1 Marie Leca-Tsiomis, « « Nature », du Dictionnaire de Richelet à l'Encyclopédie : une impossible définition ? », in *Dix-huitième Siècle*, No. 45, 2013, pp. 50–53.

2 Jacques Proust, *Diderot et l'Encyclopédie*, Paris, Armand Colin, 1962, pp. 177–188.

3 Marie Leca-Tsiomis, *Écrire l'« Encyclopédie ». Diderot : de l'usage des dictionnaires à la grammaire philosophique*, Oxford University Press, 1999, pp. 196–198.

4 ジョナサン・イスラエル『精神の革命――急進的啓蒙と近代民主主義の知的起源』森村敏己訳、みすず書房、二〇一七年、三―四頁。

5 ジョン・ロバートソン『啓蒙とはなにか――忘却された〈光〉の哲学』野原慎司・林直樹訳、白水社、二〇一九年、二九―三〇頁。

6 ロバート・ダーントン『禁じられたベストセラー――革命前のフランス人は何を読んでいたか』近藤朱蔵訳、新曜社、二〇〇五年、二六八頁。

7 Jacques Proust, *Diderot et l'Encyclopédie*, Paris, Armand Colin, 1962, p. 61.

8 Jean Sgard, « L'échelle des revenus », in *Dix-huitième Siècle*, No. 14, 1982, p. 426, pp. 426–427; Jacques Proust, *ibid.*, pp. 92–94.

9 鷲見洋一は、当時の非熟練労働者の日給一リーヴルを元に、『百科全書』全巻セットの値段を九〇万円から四五〇万円の間と推定している（鷲見洋一『『百科全書』と世界図絵』岩波書店、二〇〇九年、四五―四六頁を参照）。ちなみに、一七七二年のバターの質量一リーヴル（約五〇〇グラム弱）の値段は一〇スーであった（Gustave Bienaymé, « Le coût de la vie à Paris à diverses époques », in *Journal de la société statistique de Paris*, tome 37 (1896), p. 380 を参照）。約一キロあたりの値段は二〇スー、ちょうど貨幣一リーヴルに相当する。現在、フランスのスーパー「カルフール」における某大手メーカーのバター二五〇グラムあたりの市販価格が一ユーロ九九セントなので、一キロあたりの値段（二リーヴル）が七ユーロ九六セント（現在の為替レートで約九九一円）だとすると、『百科全書』のセット販売価格九〇〇リーヴルは、おおよそ九〇万円ということになる。いずれにしても高価であることに変わりはない。

10 Frank A. Kafker, « Notices sur les auteurs des dix-sept volumes de « discours » de l'*Encyclopédie* », in *Recherches sur Diderot et sur l'Encyclopédie*, Année 1989, No. 7, pp. 125–150 ; Année 1990, No. 8, p. 101–121.

11 Voir, Arthur M. Wilson, *Diderot: sa vie et son œuvre*, Robert Laffont et Ramsay, collection Bouquins, Paris, 1985, Ch. 1–3.

12 Voir, *ibid.*, Ch. 4.

13 Voir, *ibid.*, Ch. 9.

14 以下の論文を参照のこと。Alexandre Guilbaud, « À propos des relations entre savoirs théoriques et pratiques dans l'Encyclopédie - le cas du problème de la résistance des fluides et de ses applications », in *Recherches sur Diderot et sur l'Encyclopédie*, No. 47, 2012, pp. 207–242 ; Hisashi Ida, « Discours scientifique à voix multiples : organisation textuelle des articles de D'Alembert dans l'Encyclopédie », in *Recueil d'études sur l'Encyclopédie et les Lumières*, 2, 2013, pp. 57–76.

15 以下を参照のこと。Irène Passeron, « "Savoir attendre et douter" : l'article FIGURE DE LA TERRE », in *Recherches sur Diderot et sur l'Encyclopédie*, No. 21, 1996, p. 134.

16 以下を参照のこと。Françoise Launay, « D'Alembert et la femme du vitrier Rousseau, Etiennette Gabrielle Ponthieux（ca 1683–1775）», in *Recherches sur Diderot et sur l'Encyclopédie*, No. 45, 2010, p. 76.

17 Arthur M. Wilson, *op. cit.*, p. 400.

18 Arthur M. Wilson, *op. cit.*, pp. 169–170 ; Frank A. Kafker, *op. cit.*, p. 144.

19 たとえば、以下の文献を参照。Jean Haechler, *L'Encyclopédie de Diderot et de ... Jaucourt*, Paris, Honoré Champion, 1995 ; Gilles Barroux et François Pépin（dir.）, *Le Chevalier de Jaucourt. L'Homme au dix-sept mille articles*, Société Diderot, 2015.

20 *Ibid.*, pp. 158–164.

21 Irène Passeron, « Quelle（s）édition（s）de la Cyclopoedia les encyclopédistes ont-ils utilisée（s）? », in *Recherches sur Diderot et sur l'Encyclopédie*, No. 40–41, pp. 287–292

22 ここで言う「趣意書」は、一七四五年に配布されたいわゆる「第一趣意書」ではなく、一般によく知られる「第二趣意書」である。「第一趣意書」の成り立ちと資料的意義については以下の論文を参照のこと。鷲見洋一「『百科全書』第一趣意書の重要性――チェンバーズ問題解明のために」、『藝文研究』慶應義塾大学藝文学会、第七七巻、一九九九年、三一八―三三四頁。

23 Arthur M. Wilson, *op. cit.*, pp. 128–136.

24 Louis-Philippe May, *Documents nouveaux sur l'Encyclopédie*, Albin Michel, 1938, Introduction, p. 12.

25 Denis Diderot, *Correspondance*, édition établie et annotée par Georges Roth, Les Éditions de Minuit, 1957, t. III, à Sophie Volland, [9 et 10 novembre 1760], p. 248.

26 Louis Philippe May, *op. cit.*, Introduction, p. 12.

27 Arthur M. Wilson, *op. cit.*, pp. 391–399.

Ⅱ 『百科全書』はどう読まれたのか

1 Arthur M. Wilson, *Diderot: sa vie et son œuvre*, Robert Laffont et Ramsay, collection Bouquins, Paris, 1985, p. 7.

2 Jacques Proust, *Diderot et l'Encyclopédie*, Paris, Armand Colin, 1962, pp. 57–58.

3 *Ibid.*, p. 47.

4 一八世紀におけるフランスの本の判型は以下のとおり。

二つ折り判（folio）＝全紙を二つ折りにして四頁分とした大きさ
四つ折り判（quatro）＝全紙を二回折りたたんで八頁分とした大きさ
八つ折り判（octavo）＝全紙を三回折りたたんで一六頁分とした大きさ
一二折り判（douze）＝全紙を一二葉になるように折りたたんで二四頁分とした大きさ

二つ折りや四つ折り判は辞書や高価な図書に用いられたが重かったので、八つ折り判や一二折り判のほうが携帯に適していた。なお、一八世紀の二つ折り判（folio）のサイズはまちまちだが最低でも縦三〇センチ、横二〇センチはあり、二つ折り判の『百科全書』は平均で縦四〇センチ、横二五センチの判型に相当するという（http://enccre.academie-sciences.fr/encyclopedie/）。

5 Arthur M. Wilson, *ibid.*, pp. 106–107.

6 *Ibid.*, p. 128.

7 ユルゲン・ハーバーマス『公共性の構造転換――市民社会の一カテゴリーについての探求』細谷貞雄・山田正行訳、未来社、一九九四年。また、『百科全書』が、ニュースから噂までを含む多様なメディアを介した市民的公共圏の水平的なコミュニケーションを特徴付ける編集知と取り結ぶ関係については、以下の文献に詳しい。寺田元一『「編集知」の世紀――一八世紀フランスにおける「市民的公共圏」と『百科全書』』日本評論社、二〇〇三年。

8 *Encyclopédie*, t. V, Art. ENCYCLOPÉDIE, pp. 647b–647Aa.

9 J・プルースト『百科全書』平岡昇・市川慎一訳、岩波書店、一九七九年、二二一頁。

10 鷲見洋一「ディドロとドイツ――ゲーテのディドロ読解を中心に」、『モルフォロギア――ゲーテと自然科学』ナカニシヤ出版、第二五号、二〇〇三年、三五―三六頁。

11 J・プルースト、前掲書、二二三頁。

12 *Ibid.*

13 J・プルースト、前掲書、二二五―二二七頁。

14 同書、二二七―二三二頁。

15 福田名津子「名古屋大学附属図書館所蔵のジュネーヴ版『百科全書』の鑑定について」、『名古屋大学附属図書館研究年報』第四号、二〇〇六、四六頁。

16 同書。

17 J・プルースト、前掲書、二四二―二四三頁。

18 同書、二四〇―二四一頁、二四三―二五三頁。

19 同書、二三五―二四〇、二四九―二五一頁。

20 John Lough, *Encyclopédie*, Slatkine Reprints, 1971, p. 33.

21 福田名津子、前掲論文、四六頁。

Ⅲ 『百科全書』の新機軸――人間知識のネットワーク化とビジュアル化

1 Denis Diderot, Prospectus de l'Encyclopédie, in *Œuvres complètes*, Paris, Hermann, 1976, t. V, pp. 87–88.

2 今ではあまりお目にかからないこの機械的技芸ないし技芸という用語は、古代ギリシア・ローマ以来の機械的技芸と自由学芸の区別に由来するもので、たとえば農業、漁業、牧畜、建築、冶金、機織り、印刷術、陶磁器製造、金銀細工など、頭脳の働きよりも身体の熟練を必要とすると考えられた技術、とくに現代の工芸に相当する職人の手仕事全般を指すことが多かった。

3 Denis Diderot, *Prospectus de l'Encyclopédie*, in *Œuvres complètes*, Paris, Hermann, 1976, t. V, pp. 89–90.

4 *Ibid.*, pp. 90–91.

5 *Ibid.*, pp. 91–92.

6 *Ibid.*, p. 94.

7 *Ibid.*, p. 95.

8 *Ibid.*, p. 99.

9 *Ibid.*, pp. 99–101.

10 Jacques Proust, *Diderot et l'Encyclopédie*, Armand Colin, 1962, pp. 182–188.

11 ジャック・プルースト「『百科全書』から『ラモーの甥』へ――オブジェとテクスト」鷲見洋一訳、『ディドロ著作集第4巻 美学・美術』法政大学出版局、二〇一三年。Jacques Proust, « De l'*Encyclopédie* au *Neveu de Rameau*: l'objet et le texte », in *L'Objet et le texte*, Droz, 1980, pp. 157–203.

12 Jean Starobinski, « Diderot et l'art de la démonstration », in *Recherches sur Diderot et sur l'Encyclopédie*, No. 18–19, 1995, p. 172.

13 Denis Diderot, Prospectus de l'Encyclopédie, in *Œuvres complètes*, Paris, Hermann, 1976, t. V, p. 105.

14 『スクリブナー思想史大事典』丸善出版、二〇一六年、第五巻、項目「進歩思想」、一八〇五頁A・B・

15 Denis Diderot, Prospectus de l'Encyclopédie, in *Œuvres complètes*, Paris, Hermann, 1976, t. V, pp. 108–109.

16 自然法学、経済法学（家政論）、政治法学の分類と訳語については、以下の論考を参考にした。田中秀夫「トマス・リードの実践倫理学と経済認識」、『経済論叢』京都大学、第一八三巻、第四号、二〇〇九年、一―一六頁。

17 Denis Diderot, Prospectus de l'Encyclopédie, in *Œuvres complètes*, Paris, Hermann, 1976, t. V, pp. 109–111.

18 *Ibid.*, pp. 112–116.

19 *Ibid.*, p. 116.

20 *Ibid.*, p. 117.

21 メタテキストとは、あるテキスト、ここでは『百科全書』というテキストについて、メタレベル＝上位の水準から言及・解説した二次テキストのこと。

22 この二種類の知識の区別は、ロックの経験論およびコンディヤックの感覚論における直接観念と複合観念の区別にほぼ対応するものである。

23 Jean d'Alembert, *Discours préliminaire des éditeurs de 1751 et articles de l'Encyclopédie*, textes établis et présentés par Martine Groult, Paris, Honoré Champion, 1999, pp. 72–73.

24 *Ibid.*, pp. 75–76.

25 *Ibid.*, pp. 76–78.

26 *Ibid.*, pp. 78–79.

27 *Ibid.*, pp. 79–84.

28 アレクサンドル・ギルボーは、ダランベールが、流体中の物体が受ける抵抗や海洋・河川の流水に関する理論上の数学的計算を、現実の複雑な自然条件に左右される実践上の諸問題に適用するのを半ば断念していたことを以下の論文で指摘している。Alexandre Guilbaud, « À propos des relations entre savoirs théoriques et pratiques dans l'Encyclopédie : le cas du problème de la résistance des fluides et de ses applications », in *Recherches sur Diderot et sur l'Encyclopédie*, No. 47, 2012, pp. 207–242 ; Alexandre Guilbaud, « L'article FLEUVE de D'Alembert : de sa manufacture à l'application des mathématiques au mouvement des rivières », in *Recueil d'études sur l'Encyclopédie et les Lumières*, No. 2, 2013, pp. 153–180.

29 *Ibid.*, pp. 88–95.

30 *Ibid.*, pp. 96–97.

31 *Ibid.*, pp. 99–101.

32 *Ibid.*, pp. 101–102.
33 *Ibid.*, pp. 108–109.
34 *Ibid.*, pp. 110–112.
35 *Ibid.*, pp. 115–116.
36 *Ibid.*, pp. 117–121.
37 *Ibid.*, pp. 122–125.
38 *Ibid.*, pp. 125–128.
39 *Ibid.*, pp. 129–130.
40 *Ibid.*, pp. 135–136.
41 *Ibid.*, pp. 136–141.

Ⅳ 『百科全書』を読む、世界を読む

1 *Encyclopédie*, t. V, art. ENCYCLOPÉDIE, p. 635a.〔「百科全書」中山毅訳、『ディドロ著作集第2巻　哲学Ⅱ』法政大学出版局、一九八〇年。〕
2 *Ibid.*, p. 636a.
3 *Ibid.*, p. 636ab.
4 *Ibid.*, p. 647a.
5 *Ibid.*, p. 647b.
6 *Ibid.*, p. 647Aab.
7 *Encyclopédie*, t. II, art. BAS, p. 98ab.
8 *Ibid.*, pp. 99a–100a.
9 *Ibid.*, pp. 100a–106a.
10 *Ibid.*, pp. 106a–112b.

11 『百科全書』の図版とレオミュールの技芸図鑑をめぐる「剽窃騒動」を詳細に論じた古典的研究としては、たとえば以下の論文がある。Georges Huard, « Les planches de l'*Encyclopédie* et celles de la *Description des Arts et Métiers* de l'Académie des Sciences », in *Revue d'histoire des sciences et de leurs applications*, t. 4, No. 3–4, 1951, pp. 238–249.

12 鷲見洋一『『百科全書』と世界図絵』岩波書店、二〇〇九年、一五六―一六〇頁。

13 Marie Leca-Tsiomis, *Écrire l'«Encyclopédie»: Diderot : de l'usage des dictionnaires à la grammaire philosophique*, Oxford University Press, 1999.

14 *Encyclopédie*, t. VIII, art. HUMBLE, p. 348b.

15 *Encyclopédie*, t. VIII, art. IMPARFAIT, p. 584a.

16 Ephraim Chambers, *Cyclopædia*, 5th ed., 1741–43, London, t. 1, Art. IMPERFECT *Plants* ; *Dictionnaire universel françois et latin* (*Dictionnaire de Trévoux*), 1721, t. 3, Art. IMPARFAIT, p. 893a.

17 *Encyclopédie*, t. VIII, art. INDISSOLUBLE, p. 684a.

18 *Encyclopédie*, t. VIII, art. HOMME, p. 256b.〔「人間」野沢協訳、『ディドロ著作集第2巻　哲学II』〕

19 *Ibid.*

20 *Ibid.*, p. 260a.

21 *Ibid.*

22 *Ibid.*

23 *Ibid.*, p. 278b.

24 *Ibid.*

25 *Encyclopédie*, t. VIII, art. IMPOT, p. 601.

26 *Ibid.*

27 アンリ四世の時代に官職の売買を認めるポーレット法（一六〇四年）が発布されて以降、大商人や金融業者などの富裕な市民の中には、金銭によって官職と貴族の身分を買い取る者も現れた。こうして官職売買によって貴族の身分を手に入れた者は「法服貴族」と呼ばれ、先祖代々貴族であった「帯剣貴族」と区別された。

28 *Encyclopédie*, t. V, p. 934ab.

29 *Ibid.*, p. 935ab.

30 *Ibid.*, pp. 935b–936a.

31 *Ibid.*, p. 936b.

32 *Ibid.*, p. 937ab.

33 *Ibid.*, pp. 938b–938ab.

34 平野千果子『フランス植民地主義の歴史——奴隷制廃止から植民地帝国の崩壊まで』人文書院、二〇〇二年、二八—三四頁。

V 『百科全書』の哲学的な歴史批判

1 『哲学の基礎に関する試論』は、ダランベールの著作集『文学・歴史・哲学論集』(*Mélanges de littérature, d'histoire et de philosophie*) 第四巻として一七五九年に刊行された。折しも『百科全書』が発禁処分を受けた直後にダランベールが『百科全書』の哲学的プランと学問的方法論のエッセンスを記したこの著作は、ダランベール自身の執筆による『百科全書』「序論」と並ぶ重要な『百科全書』入門の書でもある。

2 Jean Le Rond d'Alembert, *Essai sur les Éléments de philosophie ou sur les principes des connaissances humaines*, Paris, Fayard, 1986, pp. 14–15.

3 *Ibid.*, p. 16.

4 Jacques Proust, *Diderot et l'Encyclopédie*, Armand Colin, 1962, p. 156.

5 ジャック・プルースト『百科全書』平岡昇・市川慎一訳、岩波書店、一七七—一七八年。

6 *Encyclopédie*, t. 5, art. EGYPTIENS, p. 434b.

7 *Ibid.*

8 *Encyclopédie*, t. 6, art. « *ETHIOPIENS », p. 55a.

9 *Ibid.*, p. 55ab.

10 ディドロ自身は古代地理に分類される項目「カルデア（« Chaldée »）」でカルデアとバビロニアを大まかに同一視している。「アジアの地方で、その面積は時代と論じた作家によって異なる。カルデアがアッシリアの一部であった時代もあれば、アッシリアがカルデアの一地方でしかなかった時代もある。バビロンはカルデアの首都であった。故にカルデアとバビロニアは同一である」(*Encyclopédie*, t. 3, art. « *CHALDÉE », p. 20)。

11 *Encyclopédie*, t. 3, art. « *CHALDÉENS », p. 20a.

12 *Ibid.*, p. 22ab.

13 ユリウス日とは、紀元前四七一三年一月一日を起点とする日数の計算法で天文学で利用された。

14 聖書の年代学でノアの大洪水は紀元前二三世紀半ばの出来事と推定されており、七十人訳ギリシア語版聖書によれば、大洪水が起きたのは紀元前二二四二年(一般的写本)または紀元前二二六二年(コンスタンチノープル版)とされている(岡崎勝世『聖書 vs 世界史――キリスト教的歴史観とは何か』講談社現代新書、一九九六年、一二―一三頁)。いずれの説を採るにせよ、七十人訳ギリシア語版聖書から推定される大洪水の時期は、カリステネスがアリストテレスに報告したカルデア人の天文観測の歴史の期間(紀元前二二三四年―紀元前三三一年)より先という計算になる。

15 ナボナッサル紀元とは、バビロニア王ナボナッサルの治世が開始された紀元前七四七年を元年とする紀年法で、エジプトのプトレマイオスによって採用されて以来、天文学の分野で用いられた。

16 項目「カルデア人」の参照項目として指示されているダランベール執筆の項目「年代学(« Chronologie »)」によれば、初期の時代になればなるほど年代の計算は不正確である。ダランベールは、初期の時代を、廃墟と化して瓦解し、材料の大半が失われた宮殿になぞらえたフォントネルのたとえを紹介して、古代史とは、材料が欠けていればいるほど、残りの材料からいくらでも異なった設計図を作ることができる廃墟のようなものであると述べている(*Encyclopédie*, t. 3, art. « Chronologie », p. 390)。

17 *Encyclopédie*, t. 3, art. « *CHALDÉENS », p. 20a.

18 *Encyclopédie*, t. 8, art. HISTOIRE, p. 220b.

19 *Ibid.*, p. 221a.

20 *Ibid.*, 221a–222b.

21 Etienne Bonnot de Condillac, *Traité des systèmes*, in *Œuvres de Condillac*, revues, corrigées par l'Auteur, imprimées sur ses manuscrits autographes, et augmentées de La Langue des Calculs, ouvrage posthume, Paris, 1798, t. 2, Chapitre Premier, "Qu'on doit distinguer trois sortes de Systèmes.", pp. 1–4.

22 *Ibid.*, p. 4.
23 *Ibid.*, pp. 4–6.
24 *Ibid.*, pp. 6–7.
25 *Ibid.*, pp. 7–8.
26 *Ibid.*, pp. 8–9.
27 *Ibid.*, pp. 58–60.
28 *Ibid.*, pp. 60–61.
29 *Ibid.*, pp. 61–62.
30 *Ibid.*, p. 62.
31 *Ibid.*, pp. 64–65.
32 *Ibid.*, pp. 65–67.
33 *Ibid.*, pp. 67–69.
34 *Ibid.*, pp. 73–80.
35 *Ibid.*, pp. 80–85.
36 *Encyclopédie, ou Dictionnaire raisonné des Sciences, des arts et des métiers par une société de gens de Lettres*, Paris, 1751–1772, t. 4, art. « Divination », p. 1071.
37 *Ibid.*, p. 1072.
38 Etienne Bonnot de Condillac, *op. cit.*, pp. 69–70.
39 *Encyclopédie*, t. 4, art. « Divination », p. 1073.

Ⅵ 『百科全書』と同時代の科学論争

1 Hisashi Ida, « Discours scientifique à voix multiples : organisation textuelle des articles de D'Alembert dans l'Encyclopédie », in *Recueil d'études sur l'Encyclopédie et les Lumières*, No. 2, 2013, pp. 57–76.
2 *Encyclopédie*, t. I, art. « ATTRACTION, attractio ou tractio », pp. 853–854.

3 *Ibid.*, p. 854.

4 *Ibid.*

5 D'Alembert, *Recherches sur differens points importans du système du monde*, chez David l'aîné, Première Partie, 1754, Discours préliminaire, pp. iii–iv.

6 *Ibid.*, pp. iv–v.

7 *Ibid.*, pp. vi–vii.

8 *Ibid.*, pp. viii.

9 *Ibid.*, pp. x–xi.

10 トーマス・クーン『科学革命の構造』中山茂訳、みすず書房、一九七一年、一二―一三頁。

11 *Ibid.*, p. 28.

12 *Encyclopédie*, t. II, article CARTÉSIANISME, p. 725.

おわりに

1 ロジェ・シャルチエ『フランス革命の文化的起源』松浦義弘訳、岩波書店、一九九四年、五―六頁。

2 Denis Diderot, *Correspondance*, édition établie et annotée par Georges Roth, Les Éditions de Minuit, 1957, t. XIV, p. 144.

3 日本における百科事典のビジネスモデルの変遷の歴史については以下の論文に詳しい。根本忠明「百科事典の商品配布モデルの選択」、『情報科学研究』日本大学商学部情報科学研究所、一八号、二〇〇九年、一―一九頁。

4 R. N. Schwab, W. E. Rex, *Inventory of Diderot's Encyclopédie*, I, Oxford, Voltaire Foundations, *Studies on Voltaire and the Eighteenth Century*, vol. 80, 1971, p. 45.

5 ピーター・バーク『知識の社会史2　百科全書からウィキペディアまで』井山弘幸訳、新曜社、二〇一五年、四二四―四二五頁。バークは『百科全書』をルーツとする既存の百科事典と『ウィキペディア』の違いや後者の長短を公平に分析している。

参考文献

日本語文献

『百科全書』の翻訳および百科全書派の著作

ディドロ、ダランベール編『百科全書――序論および代表項目』桑原武夫訳編、岩波文庫、一九七一年。

D・ディドロ『ディドロ著作集第2巻　哲学Ⅱ』小場瀬卓三・平岡昇監修、法政大学出版局、一九八〇年。

D・ディドロ『ディドロ著作集第3巻　政治・経済』小場瀬卓三・平岡昇監修、法政大学出版局、一九八九年。

D・ディドロ『ディドロ著作集第4巻　美学・美術　付・研究論集』鷲見洋一・井田尚監修、法政大学出版局、二〇一三年。

研究書

イスラエル、ジョナサン『精神の革命――急進的啓蒙と近代民主主義の知的起源』森村敏己訳、みすず書房、二〇一七年。

市川慎一『百科全書派の世界』世界書院、一九九五年。

岡崎勝世『聖書vs.世界史――キリスト教的歴史観とは何か』講談社現代新書、一九九六年。

クーン、トーマス『科学革命の構造』中山茂訳、みすず書房、一九七一年。

シャルチエ、ロジェ『フランス革命の文化的起源』松浦義弘訳、岩波書店、一九九四年。

鷲見洋一『『百科全書』と世界図絵』岩波書店、二〇〇九年。

ダーントン、ロバート『禁じられたベストセラー――革命前のフランス人は何を読んでいたか』近藤朱蔵訳、新曜社、二〇〇五年。

寺田元一『「編集知」の世紀――一八世紀フランスにおける「市民的公共圏」と『百科全書』』日本評論社、二〇〇三年。

中川久定『啓蒙の世紀の光のもとで――ディドロと『百科全書』』岩波書店、一九九四年。

バーク、ピーター『知識の社会史2　百科全書からウィキペディアまで』井山弘幸訳、新曜社、二〇一五年。

平野千果子『フランス植民地主義の歴史――奴隷制廃止から植民地帝国の崩壊まで』人文書院、二〇〇二年。

プルースト、J『百科全書』平岡昇・市川慎一訳、岩波書店、一九七九年。

ロバートソン、ジョン『啓蒙とはなにか――忘却された〈光〉の哲学』野原慎司・林直樹訳、白水社、二〇一九年。

論文

鷲見洋一「『百科全書』第一趣意書の重要性――チェンバーズ問題解明のために」、『藝文研究』慶應義塾大学藝文学会、第七七巻、一九九九年、三一八―三三四頁。

鷲見洋一「ディドロとドイツ――ゲーテのディドロ読解を中心に」、『モルフォロギア――ゲーテと自然科学』第二五号、ナカニシヤ出版、二〇〇三年、三五―三六頁。

田中秀夫「トマス・リードの実践倫理学と経済認識」、『経済論叢』第一八三巻、第四号、京都大学、二〇〇九年、一―一六頁。

根本忠明「百科事典の商品配布モデルの選択」、『情報科学研究』第一八号、日本大学商学部情報科学研究所、二〇〇九年、一一―一九頁。

福田名津子「名古屋大学附属図書館所蔵のジュネーヴ版『百科全書』の鑑定について」、『名古屋大学附属図書館研究年報』第四号、二〇〇六年、四六頁。

事典類

『スクリブナー思想史大事典』丸善出版、二〇一六年。

『改訂新版　世界大百科事典』平凡社、二〇一四年。

『日本大百科全書　ニッポニカ』小学館、一九九四年。

フランス語・英語文献

『百科全書』原典およびその他辞典

Chambers, Ephraim, *Cyclopædia*, 5th ed., 1741–43, London.

Dictionnaire universel françois et latin (*Dictionnaire de Trévoux*), 1721.

Encyclopédie, ou Dictionnaire raisonné des Sciences, des arts et des métiers par une société de gens de Lettres, Paris, 1751–1772.

百科全書派の著作

Condillac, Etienne Bonnot de, *Traité des systèmes*, in *Œuvres de Condillac*, revues, corrigées par l'Auteur, imprimées sur ses manuscrits autographes, et augmentées de La Langue des Calculs, ouvrage posthume, Paris, 1798, t. 2.

d'Alembert, Jean Le Rond, *Discours préliminaire des éditeurs de 1751 et articles de l'Encyclopédie*, textes établis et présentés par Martine Groult, Paris, Honoré Champion, 1999.

d'Alembert, Jean Le Rond, *Recherches sur la précession des équinnoxes, et sur la nutation de l'axe de la terre dans le système newtonien*, Paris, chez David l'aîné, 1749.

d'Alembert, Jean Le Rond, *Recherches sur differens points importans du système du monde*, chez David l'aîné, Première Partie, 1754.

d'Alembert, Jean Le Rond, *Essai sur les Éléments de philosophie ou sur les principes des connaissances humaines*, Paris, Fayard, 1986.

Diderot, Denis, *Œuvres complètes*, Paris, Hermann, 1976–, 25 vols.

Diderot, Denis, *Correspondance*, édition établie et annotée par Georges Roth, Les Éditions de Minuit, 1957, 16 vols.

研究書

Barroux, Gilles / Pépin, François (dir.), *Le Chevalier de Jaucourt. L'homme au dix-sept mille articles*, Société Diderot, 2015.

Haechler, Jean, *L'Encyclopédie de ... Diderot et de Jaucourt*, Paris, Honoré Champion, 1995.

Leca-Tsiomis, Marie, *Écrire l'Encyclopédie. Diderot : de l'usage des dictionnaires à la grammaire philosophique*, Oxford University Press, 1999.

Lough, John, *Encyclopédie*, Slatkine Reprints, 1971.

May, Louis-Philippe, *Documents nouveaux sur l'Encyclopédie*, Albin Michel, 1938.
Proust, Jacques, *Diderot et l'Encyclopédie*, Paris, Armand Colin, 1962.
Proust, Jacques, *L'Objet et le texte : pour une poétique de la prose française du XVIIIe siècle*, Droz, 1980.
Schwab (R. N.), Rex (W. E.), *Inventory of Diderot's Encyclopédie*, Oxford, Voltaire Foundations, *Studies on Voltaire and the Eighteenth Century*, vol. vol.80, 83, 85, 91, 92, 93 and 223, 1971–84.
Trousson, Raymond, *Diderot jour après jour - Chronologie*, Paris, Honoré Champion, 2006.
Wilson, Arthur M., *Diderot, sa vie et son œuvre*, Robert Laffont et Ramsay, collection Bouquins, Paris, 1985.

論文

Guilbaud, Alexandre, « À propos des relations entre savoirs théoriques et pratiques dans l'Encyclopédie: le cas du problème de la résistance des fluides et de ses applications », *Recherches sur Diderot et sur l'Encyclopédie*, No. 47, 2012, pp. 207–242.
Guilbaud, Alexandre, « L'article FLEUVE de D'Alembert : de sa manufacture à l'application des mathématiques au mouvement des rivières », in *Recueil d'études sur l'Encyclopédie et les Lumières*, No. 2, 2013, pp. 153–180.
Huard, Georges, « Les planches de l'*Encyclopédie* et celles de la *Description des Arts et Métiers* de l'Académie des Sciences », in *Revue d'histoire des sciences et de leurs applications*, t. 4, No. 3–4, 1951. pp. 238–249.
Ida, Hisashi, « Discours scientifique à voix multiples : organisation textuelle des articles de D'Alembert dans l'Encyclopédie », in *Recueil d'études sur l'Encyclopédie et les Lumières*, No. 2, 2013, pp. 57–76.
Kafker, Frank A., « Notices sur les auteurs des dix-sept volumes de « discours » de l'*Encyclopédie* », in *Recherches sur Diderot et sur l'Encyclopédie*, 1989, No. 7, pp. 125–150 ; Année 1990, No. 8, pp. 101–121.
Launay, Françoise, « D'Alembert et la femme du vitrier Rousseau, Etiennette Gabrielle Ponthieux （ca 1683–1775) », in *Recherches sur Diderot et sur l'Encyclopédie*, No. 45, 2010, p. 76.
Leca-Tsiomis, Marie, « « Nature », du Dictionnaire de Richelet à l'*Encyclopédie* : une impossible définition ? », *Dix-huitième Siècle*, No. 45, 2013.
Passeron, Irène, « "Savoir attendre et douter" : l'article FIGURE DE LA TERRE », in *Recherches sur Diderot et sur l'Encyclopédie*, No. 21, 1996, p. 134.

Passeron, Irène, « Quelle (s) édition (s) de la Cyclopoedia les encyclopédistes ont-ils utilisée (s) ? », in *Recherches sur Diderot et sur l'Encyclopédie*, No. 40–41, pp. 287–292.
Sgard, Jean, « L'échelle des revenus », in *Dix-huitième Siècle*, No. 14, 1982, p. 426.
Starobinski, Jean, « Diderot et l'art de la démonstration », in *Recherches sur Diderot et sur l'Encyclopédie*, No. 18–19, 1995, pp. 171–190.

辞典類

Dictionnaire européen des Lumières, (dir.) Michel Delon, Paris, PUF, 1997.

インターネット版『百科全書』

ENCCRE（*Édition Numérique Collaborative et CRitique de l'*Encyclopédie：フランス研究チームによる電子批評版『百科全書』）
http://enccre.academie-sciences.fr/encyclopedie/
The ARTFL Encyclopédie（アメリカ・シカゴ大学ＡＲＴＦＬプロジェクトによる電子版『百科全書』）
https://encyclopedie.uchicago.edu/

『百科全書』研究インターネット・サイト

Recherches sur Diderot et sur l'Encyclopédie（フランスの『百科全書』研究誌）：https://journals.openedition.org/rde/
『百科全書』・啓蒙研究会
http://www2.human.niigata-u.ac.jp/~seel/

初出一覧

第Ⅴ章
井田尚『『百科全書』と誤謬の歴史――哲学的見解と技芸の起源をめぐる歴史的推論」、『青山学院大学文学部紀要』第四八号、二〇〇六年、五一―七〇頁。
井田尚「コンディヤック『体系論』から『百科全書』項目「占術」へ――誤謬の歴史の一典型としての占術批判」、『青山学院大学文学部紀要』第四九号、二〇〇七年、一二五―一四〇頁。

第Ⅵ章
井田尚「辞書は客観的か?――『百科全書』項目「引力」と科学的説得の言説」、『青山学院大学文学部紀要』第五五号、二〇一三年、九三―一〇五頁。

ほかすべて書き下ろし

あとがき

本書の企画をいただいた時には、うれしいことはもちろんだが、正直に言えば、少々戸惑いも感じた。その理由の多くは、名前がわかるだけでも二〇〇名を超える執筆協力者からなる「文人の共同体」の集団的な熱意と努力が生み出した『百科全書』という書物の圧倒的な物量である。『百科全書』初版（パリ版）は、現代の日本のフォーマットでA３に相当する二つ折り判の大型本で計二八巻を数え、項目本文（全一七巻）に至っては、二段組でぎっしりと小さな活字が詰め込まれているのである。合理的な分類整理を売り物にする百科事典とはいえ、いざ目の前にすると気が遠くなるほどの情報量を誇るという点で、『百科全書』は、まさに鷲見洋一が指摘するように、啓蒙期の知の特徴である「巨大量」の集積と分類を具現化した究極の試みと言える。

また、複雑に枝分かれした学芸の分類や、項目間に迷路のように張り巡らされた参照指示のネットワーク、執筆協力者達によって融通無碍に引用・加工された膨大な量の典拠テキストを含む多層的な構成も手伝って、学芸の特定のある分野に属する項目群の全貌を個人が把握することすら容易ではない。その意味では、マリ・レカ＝ツィオミスがかつて口頭で述べていたように、『百科全書』は、生半可なアプローチを寄せ付けない堅固な「要塞」にも似ている。

「世界を読み解く一冊の本」というシリーズ・タイトルをうかがった際に、「世界を読み解く」という趣旨については、文字どおり世界の読解と記述を目指した『百科全書』におあつらえ向きのテーマなので、すんなり腑に落ちた。しかし、つまらない冗談に思えるかもしれないが、思想や作品としての何らかのまとまりを暗黙の前提とする「一冊の本」というコンセプトを「二八冊の大型本」、しかも内容がまるでばらばらな「百科事典」に当てはめてよいのかどうか最後まで迷った。「世界を読み解く一冊の本」というシリーズ・タイトルを文字どおりに取る人間はいない、(当たり前だが)これは比喩的なコンセプトなのだと思い直した発想の転換と、慶應義塾大学出版会・編集部の村上さんの励ましとが、本書の執筆へと背中を押してくれた。

自分はディドロ研究を専門としており、ディドロは言わずと知れた百科全書派のリーダーなので、『百科全書』におけるディドロの役割と執筆項目については多少の知識があった。また、自分でも時の流れの速さに驚くばかりだが、改めて振り返ればフランス留学から帰国して二〇年になり、一五年ほど前から『百科全書』および百科全書派の思想をつついては論文を書き、ここ一〇年近くは『百科全書』の共同研究のメンバーにも加えていただき、日仏を含む最先端の『百科全書』研究の現場に立ち会うとともに、『百科全書』の多面的で奥深い世界にもそれなりに親しんできた。考えてみれば、そろそろ自分なりに『百科全書』について何かを語れる、ちょうどいいタイミングでこのお話をいただいたのかもしれない。思わぬ巡り合わせに感謝するとともに、話をお受けするからには、多くの場合、教科書的な予備知識しかもたない現代の若い読者の皆さんが日本語で読んで、「啓蒙思想の集大成」という便利なくくりをこえて、『百科全書』の書物としてのその成り立ちと世界観について、ある程度具体的なイメージを抱けるように道案内の役を務める覚悟を決めた次第である。

たとえばジャック・プルーストやマドレーヌ・ピノーらフランス本国の碩学が『百科全書』の全体像を包括的に論じた入門書は日本語でも読める。ただ、それらは入門書とはいっても、巨大で複雑なテキスト群の全体を論じることの物理的困難から、ある程度割り切って要約やリスト化を多用した執筆スタイルを採っており、項目の本文を実際に読んでみたいという読者のニーズに必ずしも応えられているとは言い切れない。

本書では、シリーズ・コンセプトに鑑みて、後世に与えた歴史的影響をしばしば啓蒙思想とワンセットで抽象的に語られることが多い『百科全書』が、いかに出版市場での商品としての販売を前提とした百科事典、それも人間の目による世界（自然界と人間社会のすべて）の解読を目指した書物として編纂・刊行されたかという点に焦点を絞り、ディドロとダランベールが率いる「文人の共同体」が『百科全書』で学芸に関する知識の記述を通じて世界をどのように解釈し、当時の人々のものの考え方をどのように変革しようとしたのかを浮き彫りにすることを目指した。執筆協力者のリスト、刊行の経緯とその歴史的意義、学芸の分類法など、『百科全書』という巨大テキストの輪郭を捉える上で不可欠な内容については、プルーストら先達の業績も参考にしつつ、概要やリストも適宜織り交ぜながら一般読者にもわかりやすい説明を心がけた。その中にも、さまざまな分野に属する『百科全書』の項目の文章に読者が自分の目で触れ、実際に内容を読んで解説に納得できるように配慮した点は本書のオリジナリティーであり、ささやかな自負を許される点かもしれない。「世界を読み解く一冊の本」として『百科全書』を論じる作業は、自ずと「『百科全書』を読み解く一冊の本」を書く作業ともなっていった。ひとりの人間が『百科全書』という広大な知識の世界を隈なく踏破することは無理かもしれないが、自分なりに旅や散策や寄り道を重ねてきた経験を踏まえ、『百科全書』の世界の多彩な面白さを一般読者の皆さんにお伝えする旅行ガイドの役目は果たせたかもしれない。本書を手にした読者の皆さんが、いつの日か『百科全書』の世界の探検に自ら乗り出すことも願ってやまない。

最後に、『百科全書』の共同研究にお誘い下さった鷲見洋一先生と逸見龍生先生、二〇一二年の在外研究期間中にフランスでお世話になったマリ・レカ＝ツィオミス先生とイレーヌ・パスロン先生、本書の企画に声をおかけ下さり、なかなかはかどらない執筆中も編集のプロならではの的確な指摘や助言でサポートし、温かい言葉で発破をかけて下さった慶應義塾大学出版会の村上文さん、記述の不統一などを細部まで丁寧に校正下さった尾澤孝さんに、心より御礼を申し上げたい。

二〇一九年七月　井田　尚

井田　尚　いだ ひさし

青山学院大学文学部教授。18世紀フランス思想専攻。
東京大学大学院人文社会系研究科博士課程満期退学。パリ第8大学博士課程修了。博士（DL）。
主な著書に、*Genèse d'une morale matérialiste: Les passions et le contrôle de soi chez Diderot* (Paris, Honoré Champion, 2001)、『科学思想史』（共著、勁草書房、2010年）、『百科全書の時空　典拠・生成・転位』（共著、法政大学出版局、2018年）、主な編訳書に『ディドロ著作集第4巻　美学・美術　付・研究論集』（法政大学出版局、2013年）がある。

あなたにとって本とは何ですか？

幼い頃は、名作絵本の読み聞かせを親によくせがみ、ぼろぼろになるまで何度も読んでもらったそうだ。家の方針で中学三年までテレビがなく、ラジオ・ドラマをよく聞いた。そのせいか、自分にとって読書は常に声と結びついている。

ひとりっ子なので、小学校の放課後や週末は読書をして過ごすことが多かった。学校の図書室のシリーズ物を片っ端から読むと、親に本を買ってもらったり図書館で本を借りてもらったりして乱読した。アレクサンドル・デュマ、ジュール・ヴェルヌ、吉川英治など、少年時代に読んだ冒険小説の血湧き肉躍る興奮は、やはり自分の読書体験の原点である。

以後の読書遍歴は省略するが、大学に入ると、授業以外の時間は人並みにサークル活動や交遊やアルバイトにも精を出し、映画や音楽にものめり込んだ。それも落ち着くと、受験期に本を読まなかったのを悔いて、しばらく日本文学、翻訳文学、評論などを貪り読んだ。時代遅れの教養主義も動機だったが、やはり活字に飢えていたのだろう。

それが、教員になる頃には、いつの間にやら、研究成果や授業の題材など見返りを求めて原書や専門書を繙《ひもと》くことが多くなっていた。こういう窮屈な本の読み方は不純だという思いがどこかにある。

こうして、年齢とともに読み方は変わったが常に本と付かず離れずの生活を送っているところを見ると、本とは私にとって、想像と知識を育み心の乾きを癒してくれる、人生の栄養剤なのだろう。

シリーズウェブサイト　http://www.keio-up.co.jp/sekayomu/
キャラクターデザイン　中尾悠

世界を読み解く一冊の本
『百科全書』
——世界を書き換えた百科事典

2019年8月30日　初版第1刷発行

著　者————井田　尚
発行者————依田俊之
発行所————慶應義塾大学出版会株式会社
〒108-8346　東京都港区三田2-19-30
TEL〔編集部〕03-3451-0931
〔営業部〕03-3451-3584〈ご注文〉
〔　〃　〕03-3451-6926
FAX〔営業部〕03-3451-3122
振替　00190-8-155497
http://www.keio-up.co.jp/
装　丁————岡部正裕（voids）
印刷・製本——株式会社理想社
カバー印刷——株式会社太平印刷社

Printed in Japan　ISBN 978-4-7664-2558-1

世界を読み解く一冊の本　刊行にあたって

書物は一つの宇宙である。世界は一冊の書物である。事実、人類は世界の真理を収めるような書物を多数生み出し、時代や文化の違いをこえて営々と読み継いできた。本シリーズでは、作品がもつ時空をこえる価値を明らかにするのみならず、作品が一冊の書物として誕生し、読者を獲得しつつ広がっていったプロセスにも光をあてる。書物史、文学研究、思想史、文化史などの第一人者が、古今東西の古典を対象として、その作品世界と社会や人間に向けられた眼差しをわかりやすく解説するとともに、そもそもその書物がいかにして誕生し、読者の手に渡り、時代をこえて読み継がれ、さらに翻訳されて異文化にも受け入れられたのかを書物文化史の視点から考える。書物の魅力を多角的にとらえることで、その書物がいかにして世界を読み解く一冊の本としての位置を文化のなかに与えられるに至ったかを、書物を愛する全ての読者に向かって論じてゆく。

二〇一八年十月

シリーズアドバイザー　松田隆美

せかよむ★キャット

あたまの模様は世界地図。
好奇心にみちあふれたキラめく瞳で
今日も古今東西の本をよみあさる！